U0000649

哈梅恩的吹笛手

記憶、傳說與流變，中古歐洲社會庶民心態考察

ハーメルンの笛吹き男:伝説とその世界

日本西洋中古史研究第一人 **阿部謹也 Abe Kinya**

陳國維——譯　杜子信——審訂

中古德意志人東向移民拓殖行動的歷史遺產：1937 年前中歐及中東歐地區的德意志民族分布圖

推薦序

哈梅恩吹笛手、孩童與中古時期德意志人東向移民拓殖史

國立中正大學歷史學系副教授　杜子信

一八一二年，威廉及雅寇布・格林兩兄弟首度將其經歷十數年搜集並編纂的《兒童及家庭童話》（*Kinder- und Hausmärchen*）故事集出版。因該書內容記錄著大量流傳於德意志境內各地的民間佚聞及鄉野奇談，其情節多為離奇、魔幻、荒誕及不合常理，使得格林兄弟將書名冠以「童話」來呈現於世。這也意味著該著作實際上對於格林兄弟的重要性：他們忠實記載了這些流傳於草根階級數百年之久的佚聞與奇談，希望能為德意志民族的民間文化資產盡一份保存的心力，以大力喚醒當時仍處於「法蘭西外來統治」（Französische Fremdherrschaft）的德意志民族自信心，從而起身對抗拿破崙大軍。

由上觀之，一如書名所呈現的，格林兄弟從初始之際即未將《兒童及家庭童話》及後續作品《德意志傳說》（*Deutsche Sagen*, 1816）所搜集的故事視為具有高可信度的內容來看待。然而在這些絕大部分被歸類為真實性甚低的故事中，唯獨有一篇例外，其具備的真實性可由過去所留下的各類編年記與文獻史料證明，此篇即為本書作者阿部謹也先生所處理的主題：〈哈梅恩的捕鼠人〉（Rattenfänger von Hameln）。①

正因該篇帶有相當高比例的真實性，從上個世紀以來就引發大批德國學者的高度興趣並投入研究，欲一窺事端原貌，使得〈哈梅恩的捕鼠人〉成為格林兄弟的作品中被德國學界研究最為廣泛及深入的一篇。當然在此必須特別指出的是，〈哈梅恩的捕鼠人〉和格林兄弟作品中所搜集的其他童話，在性質上有著極為明顯的差異，因為它並非是一則童話（Märche），而是一則傳說（Sage）。中文語彙或許對於童話與傳說的分野並不十分清晰，然則在德文詞彙內，童話與傳說的意涵向來有著極為清楚的區別。若冠以童話之名，代表其可信度甚低，真實程度可能不及百分之十；若是被稱為傳說，則真實性可能超過百分之五十以上。事實上格林兄弟最初在搜集各種民間軼聞而接觸到這則傳說時，即因其兼具真實性與濃厚的獨特性色彩而堅持將之納入童話故事集，使得〈哈梅恩的捕鼠人〉成為裡面唯一一則非童話的傳說故事。

當然，這也並不代表這則傳說所有發生的情節經過，就如格林兄弟所記載般，在一二八四年的六月二十六日當天同時發生。事實上中古時期的哈梅恩發生鼠患是真、吹笛手的出現也是真，一百三十名孩童失蹤同樣是真，只不過三項事件是到了十六世紀中期之後，才在不同作家的撰文創作下全部混淆在一起，遂出現格林兄弟所記載下來的傳說原型。因此二十世紀中期以來，探索一二八四年六月二十六日下薩克森邦哈梅恩市所發生的一切，尤其是失蹤的一百三十個孩童的下落，便成為德國各領域學者亟欲解開的謎題。

阿部謹也正是將過去德國學界所推論的各種可能性一一陳列於讀者眼前，同時進一步去分析何以後代不同作家會將鼠患事件與吹笛手及一百三十個失蹤孩童置於同一框架內；這與十六世紀德意志地區宗教改革所引發的宗教戰爭背景下，教會藉由訓諭及懲誡而發揮的警世功能，實有著密切關聯。因此，阿部謹也除了介紹德國各學者針對哈梅恩失蹤孩童下落的相關研究外，同時更藉由對中古時期留存下來的各類德意志民間歷史文獻的考究及探索，帶著同理心而設身處地去感受，以試圖拼湊出當時庶民生活的社會型態。

當然，面對讀者們最感興趣的部分——即一百三十個失蹤孩童究竟被吹笛手帶往何方，以及最後在他們身上究竟發生了什麼事等問題，阿部謹也在這部著作裡已然提供了至一九八〇年代為止德國各學者的研究成果，包括了兒童十字軍、聖日祭祀遇害、甚或是集體染疫致死而隱諱為失蹤之說。這些林林總總的各類推測到了最後，則在他明確的舉證下一一遭到推翻；然而其中有一說則一度甚得阿部謹也所服膺，認為是最可能接近事實的說法，此即發生於中古時期一段德意志歷史的重大史實——「中古時期德意志人東向移民拓殖史」（Die Geschichte der mittelalterlichen Deutschen Ostsiedlung），[②]亦即在一二八四年的哈梅恩，一百三十個孩童實際上並非失蹤，而是在穿著彩衣的吹笛手帶領之下，遷往日後的德意志東部及中東歐地區。

儘管阿部謹也在書中也曾列舉將〈哈梅恩的捕鼠人〉傳說置於「中古德人東向移民拓殖史」架構下的若干論點缺失，進而質疑此說是否就是這則傳說的最後解答；然而畢竟阿部謹也這部作品已成書逾四十年之久，德國學界對這則傳說的研究，事實上直到今日仍持續不斷地追蹤鑽研中。綜括這四十餘年來的各項研究成果，可以說在窮究種種歷史檔案文獻、並比對各項推論與假設之後，〈哈梅恩的捕鼠人〉傳說仍極可能與「中古德人東向移民拓殖史」有著較直接的關聯，遠較該傳說與其他假設與推論的可能性高出甚多。

當然，在說明兩者間的關聯之前，稍對「中古德人東向移民拓殖史」的來龍去脈作一簡要的說明，有助於讓讀者更容易明瞭此則傳說的各個角色與中古德人東向移民拓殖過程的對應關係。簡言之，發生於中古高峰期（High Middle Age，約一〇五〇—一三五〇年）的德意志人東向移民拓殖行動，是當時包括德意志西部在內的歐陸西部許多人民因原鄉人口過剩壓力，饑荒餓莩遍野，遂被迫拋棄故居而遷往易北河（Elbe）以東之地，即日後的德意志東部及中東歐各地區（諸如勃蘭登堡、上薩克森、普魯士、奧地利、立夫尼亞（現今愛沙尼亞及拉脫維亞）、波蘭、波希米亞及摩拉維亞（現今捷克）、匈牙利及外西凡尼亞等地）。與此同時，當時易北河以東各地新興的德東封建強藩及中東歐各地統治者，也積極進行境內的疆域開發行動；他們希望引入德意志移民較為先進的農、商、礦及手工業技能，提升境內各領域的產值，俾增強自身國力並穩固統治權，因而對德意志移民者大張歡迎之手。導致在兩個世紀間，約有五十至七十萬左右的德意志人被迫或自願遷往易北河以東地帶，進而促進了日後德意志東部及中東歐地區的大幅開發，並使之納入拉丁—日耳曼—歐洲文明圈之中。

事實上，德國當代的若干學者傾向〈哈梅恩的捕鼠人〉發生於「中古德人東向移民拓殖行動」的時代，其背後實有證據頗為充足的人事時地等論點做為依據。這種說法當然並非新奇，阿部謹也在本書即列舉在一九四三至一九五五年間，主張「中古德人東向移民拓殖史」論點最力的三位德國學者：葳勒、范恩及杜柏廷。其中他特別以當時最具說服力的范恩為例，指出范恩的一百三十個孩童參與德人移民拓殖東部之說，係建立在針對摩拉維亞首府布爾諾城近郊的聚落遺址及各類文獻的考察之上，從而證明出六百餘年前當地確有若干源自下薩克森地區的移民蹤跡，並舉證出該聚落舊名為 Hamlingov，與 Hameln 極為近似的名稱做為其立論依據。不過阿部謹也在佩服范恩考證功力之餘，卻也一針見血地指出此說僅關注到摩拉維亞的 Hamlingov 聚落考證，卻忽略了追溯同時期下薩克森的哈梅恩所發生事端的線索，因而對此說仍抱持相當程度的懷疑。因此，就阿部謹也的觀點而論，儘管「中古德人東向移民拓殖」之說已然呈現相當程度的說服力，卻仍不足以令其完全信服。

然而一如先前所提，阿部謹也的作品問世四十年以來，德國各領域學者經過各種考證途徑及多方比對之後，普遍仍傾向於哈梅恩的孩童參與德人東向移民拓殖之說的可能性，當然他們的研究也針對了先前范恩的論點作出相應的修正，認為哈梅恩孩童東移落腳的地點，可能不是長期以來所推論的摩拉維亞，而應是勃蘭登堡。

當代德國最知名的地名考據學者、同時也是萊比錫大學退休教授約爾根・烏竇夫（Jürgen Udolph）博士，透過大量古文獻史料的考證與交叉比對分析之後，發現了一項驚人的事實。在中古高峰期，今日下薩克森哈梅恩的近郊小鎮及聚落地名，幾乎以原名不變的方式全盤移植到當時德人在東部所開發的新興移民拓殖地——勃蘭登堡，時間上幾乎也吻合一二八四年的時間點。這說明當時有著為數甚多的哈梅恩及其近郊小鎮的民眾遷往勃蘭登堡，並以原鄉地名做為新家園的名稱。至於傳說中的一百三十個孩童，依照他的推論，應是哈梅恩及近郊小鎮的青年夫妻及其孩童。他們在擁擠不堪、鼠患肆虐且生活無著的原鄉朝不保夕，對未來感到絕望。某日突然在哈梅恩的市集廣場前聽到穿著彩衣的「經紀人」（Lokator）吹笛呼喚，大力宣傳當時正積極開發中的東部有流著奶與蜜的肥沃土地。他許諾這些青年若追隨他前往東部，必可在那裡重獲新生，並謀得極大福祉。在其三寸不爛之舌的鼓吹下，苦於未來生活無著的青年人於是滿懷希望地追循其腳步向東遷徙。經過數百公里的艱困路程後，終落腳於奧德河濱的勃蘭登堡東部地區，隨即基於原鄉情懷，而將其所建造的數個城鎮聚落以原鄉之名命名。當然，這些青年人離開哈梅恩之際，所帶走的絕不僅只是隨身的家當牲畜，一併帶走的更是他們對家鄉的永恆追憶；因為在東部新家園艱辛的開發拓殖生活，令其只能全心戮力於每日溫飽的農忙粗活，根本無暇也無力再與下薩克森的故居有任何聯繫，對原鄉的思念舊情只能化為新家園之名，長存心中。原鄉親屬在杳無音訊之下，時日既久，漸漸忘卻其何以行及其之所往，徒留一百三十個失蹤孩童之說及家屬傷悲之語，載於編年文獻記事之中。

烏竇夫教授上述針對哈梅恩的吹笛手身世及一百三十個失蹤孩童下落的最新推論成果，在阿部謹也的大作《哈梅恩的吹笛手》問世四十餘年、即將出版中文譯本的此刻，可謂極具不凡意義。這代表阿部謹也對哈梅恩吹笛手及一百三十個失蹤孩童的鑽研考究成果獲得了高度肯定，並在其里程碑基礎上由後續德國相關學者接續不輟，投入面紗漸卸、卻仍謎雲重重的〈哈梅恩的捕鼠人〉傳說考據追蹤。對於喚起人們關注德意志歷史、傳說，以及格林兄弟的作品所具有的高度傳奇及戲劇性色彩，阿部謹也的作品無疑作出了卓越的貢獻。本書非常值得推薦給對考證史實、傳說及童話故事真實性抱持高度興趣的學界人士，同時也相信能帶給喜愛閱讀文史類及傳說童話故事的讀者極大的閱讀樂趣。

註釋

①此一傳說依德文原文而直譯為〈哈梅恩的捕鼠人〉，然因本書原文為日文，作者阿部謹也將書名定為〈哈梅恩的吹笛手〉，應是長期鑽研中古德意志庶民社會史之後，將諸多心得論點集結成書，最後則基於強調一部針對此傳說的研究書籍而定下其日文書名。

②有關中古時期的德意志人東向移民拓殖史始末，可參閱如後兩專論的說明：
杜子信，〈中古時期的德意志人東向移民拓殖史作為德意志第二帝國東向擴張的宣傳工具〉，《興大歷史學報》第32期，2018，頁1-34。
杜子信，〈近代德波敵對下德意志騎士團國家史的政治工具化〉，《成大歷史學報》第56號，2019，頁133-199。

推薦序
阿部謹也與日本「社會史」風潮

國立故宮博物院院長　吳密察

阿部謹也《哈梅恩的吹笛手》要出版中譯本了！這真是令人興奮的事。

一九八〇年代初次見識到它在東京大小書店店頭平擺的盛況，當年自己是一個剛到日本留學，而且研究領域完全不同的門外漢，也跟著日本同學們「追星」。如今看到它將出版成中文，留學時代親歷的當年日本之「社會史風潮」，又不自主地回到記憶中來了。

我是一九八四年到日本留學的，當初預定的研究主題雖未完全確定下來，但已決定以日本殖民時代的台灣史為研究領域，因此只在「東洋史（亞洲史）」、「國史（日本史）」兩個研究室之間往來（據說，因為我是來自外國的留學生才得以突破當年兩研究室的藩籬，不受拘束），西洋史則就完全是另一個世界了。

留學之前，我也曾試著做一些行前的準備，讀了一些在台灣找得到的日本歷史學者的研究著作。但實際到了日本，才發現似乎並不是很派得上用場。原來，我在台灣所讀的那些著名學者的研究著作，絕大部分是所謂「戰後歷史學」潮流下的產物。所謂「戰後歷史學」，是在學術立場上立基於馬克思主義，在政治立場上反省戰前軍國主義、侵略歷史的一種歷史學。這種「戰後歷史學」可說是戰後最初的大約二十年間日本歷史學的主流。「戰後歷史學」最主要的研究主題是社會經濟史。但此處所謂的「社會經濟史」，是馬克思主義者所重視的國家型態（古代國家、封建國家、近代國家等）、生產關係（地主制、農奴制、契約勞動等）、社會結構和人民革命，尤以中國史與日本史領域，更是特別明顯。這當然與日本戰後的內外環境有關，在外部是共產中國的崛起，在內部則是對戰前軍國主義的反省。所以，即使日本在十九世紀末導入西洋歷史學之後，在研究方法上即重視史料實證功夫，但細緻的史料實證作業之後，卻都將其歷史詮釋收納回到「世界史的基本法則」的框架當中。戰後日本的西洋史研究，則以結合馬克思與韋伯的「大塚（久雄）史學」為主流，重點為透過生產力與生產關係、意識理念來說明市民社會的成立過程。

但是在這樣的潮流中，阿部謹也的研究並不依賴既有的「概念」，而是綿密地閱讀庋藏於檔案館的中古時期檔案，從歷史的最小單位（人）來重建歷史。《哈梅恩的吹笛手》就是以德國地方檔案館中片段、不全的中古時期檔案，重建了哈梅恩這個城市及其住民，並追蹤、解讀傳承在這個城市的吹笛者之故事。

哈梅恩的吹笛手是大家並不陌生的傳說故事（不少人最初可能是從格林兄弟的作品中

看到這個故事的吧！），故事的情節也很簡單，並不複雜。但是阿部謹也這本《哈梅恩的吹笛手》的目的並不是再重新講一遍這個故事，而是要講這個故事「為何會在十三世紀的哈梅恩出現？又，為何會有各種內容大致相同、卻又稍有細節差異的各種版本？」的故事。閱讀《哈梅恩的吹笛手》有如在聽故事，講故事的人（作者阿部謹也）隨著故事的進展，又會適當地將話頭延伸出去，說明故事的空間背景（哈梅恩市）、時間背景（十三世紀）、社會背景（身分制裡的貴族、聖職者、市民、農民等，甚至從事「賤業」的各種職業者、流浪人等），令人層層深入隱藏於故事內部的核心，並馳騁於其所開展的歷史廣大世界與人的恐懼、不安。所以，《哈梅恩的吹笛手》也可以說是以一個具體的歐洲城市（哈梅恩）所呈現的中古史，而且是全面地呈現了城市、市民，和當時的人之精神世界。

阿部謹也《哈梅恩的吹笛手》不但離開了類似封建體制這種傳統社會結構的討論，其行文敘述也不採社會科學式文章的風格，而是隨著講故事的人（作者阿部謹也）講述的需要，不斷地加深、加廣，因而閱讀起來更有抽絲剝繭地探索、層層深入加深理解的魅力，而更具有閱讀的樂趣。所以，即使是西洋中古史的學術著作，讀者群卻不再侷限於相關的研究者範圍之內，非西洋史的歷史學者也莫不是它的讀者，甚至成為普遍閱讀大眾都喜歡的「讀物」。阿部謹也的每一本書只要一出版，便都成為書店平擺的暢銷書。阿部謹也成為日本話所說的**可以賣的學者**（「書可以賣，有市場」的學者），甚至成為學術界的明星。

阿部謹也從西洋中古史吹出來的新風，在日本中古史研究範疇也出現相應的迴響。當時與阿部謹也最常連袂出現的日本中古史專家是網野善彥。網野善彥原本是「戰後歷史學」脈絡下的日本中古史專家，但到了一九七〇年代中後期，他的研究跨出了原來的封建莊園制的研究範圍，進入原先被整齊的歷史解釋排除在外的職業民（包括從事「賤業」者）。而且，他對於既有的（日本）國家史的通說，進行了全面性的挑戰與翻轉。

阿部謹也、網野善彥兩位歷史學者，一方面都是研究進入近代之前的中世史，一方面都不滿意已經建制化了的傳統之「大寫的歷史」，而企圖從實際多樣的史料中看出多樣的歷史之能動者（各種的人）所生活的歷史世界之「自由」與「和平」，因此有共同的立場，也有共同的話題。由於他們所提出的問題是那麼的具有創意（而且是有史料實證基礎的），當然對學術界造成相當衝擊，原本就喜歡閱讀歷史書的日本人更是一哄而上，所以兩個人幾乎永遠名列出版暢銷排行榜。而通常暢銷書出版之後不久，就會出版成更為普及的「文庫版」。對出版社來說，兩位學院裡的歷史學者竟然可以是暢銷好賣的作家，於是雜誌社、出版社的編輯們更是不斷地推出各種企畫，兩位歷史學者幾乎每個星期都有論文刊出，或是出現在各種演講會、座談會，形成一股如何繞都繞不過去的「社會史」現象。

我就在這兩位中世史學者所造成的「社會史」風潮之巔峰，於一九八四年到日本留學，親身在場躬逢其盛！

ハーメルンの笛吹き男

伝説とその世界

歌、詩、詞、曲，我以為原是民間物，文人取為己有，越做越難懂，弄得變成僵石，他們就又去取一樣，又來慢慢的絞死它。

——魯迅，《致姚克》，一九三四年二月二十日。

Contents

目錄

吹笛手傳說的變形

前言

一九七一年五月的某天，我正在西德哥廷根市的某間邦（或州）立檔案館，埋頭分析十四、十五世紀的古文件與古抄本。儘管古文件分析本身是項單調的作業，需要集中精神並抖擻鬥志才行，但在那種與檔案館外每日汲汲營營的日常生活、世界情勢，以及日本新聞全都隔離的獨特氛圍環繞下，其實我也算是處在一種將世俗塵囂盡數過濾、不斷前進的透澈狀態。

這天，在挑高天花板的寂靜房間裡，我就像這一年半來每天持之以恆的狀況一樣，不斷重複著同樣工作。我當時從事的，是通盤分析波羅的海沿岸東普魯士地區古文件史料；這天我一如既往，正在系統性整理個別村莊的檔案。當我調查克爾肯村（Kerken）的相關資料時，不經意地翻到了有關該村最新研究的篇章；那時，「捕鼠人」（Rattenfänger）這個字眼赫然映入了我的眼中。根據這篇史料，在克爾肯村留有一段傳說，是以當地朱古根的一間水車磨坊為舞台、關於捕鼠人的故事：

有個男人向磨坊主人請託，希望能在磨坊工作換宿，卻遭到主人冷漠以對，於是他把大量老鼠引進屋內；等主人幾乎是哭著向他道歉以後，他把老鼠引導到附近結冰的湖上，然後挖開一個洞，讓牠們全都溺死在裡頭。讀到這裡時，我感覺整個人如遭電擊；不只如此，這位研究者還寫說，從我鑽研的下薩克森地區被帶走的這些孩子，很有可能是移居到了其他地方。

我因為不斷解讀分析古文件，腦袋多少感到有些疲憊；為了從單調的工作中獲得一些喘息空間，我忍不住用了點短暫的片刻，讓自己浮想連翩。《哈梅恩的吹笛手》，這不是好幾十年前我還是小學生時在家裡讀過、一個穿著斑斕衣服男人的童話故事嗎？我試著回想那個故事；單純以童話來看，它是一篇過於生動獨特的作品，從事實角度來看，它又充滿了豐富的想像力，帶著宛如詩與現實交織的繽紛色彩。這樣說來，哈梅恩鎮就在哥廷根往北約八十公里處；或許是我太過粗心了，直到現在為止，我都沒有注意過這個故事裡其實隱藏著某個深刻的祕密；而且這個祕密似乎還跟我正在研究的「中古時期德意志人東向移民拓殖運動」（Die Mittelalterliche Deutsche Ostsiedlung）有著密切關係……我在檔案館的一角佇立良久，整個人忘我地沉浸在想像的世界。

回過神時，老練的檔案館員索卡先生（很遺憾，他在前年已撒手人寰）走到我身邊，問道：「您在想什麼呢？」我定睛一看，發現剛好過了正午時分，於是便草草收拾書籍，回家吃午餐了。

從這天開始，我好像被這個傳說給附身了一般。每天早上我還是前往檔案館，做著一如既往的工作，但到了下午我就跑到大學的圖書館裡，蒐集關於這則傳說的文獻與史料。不只如此，我還在周末帶著老婆孩子出門，前往哈梅恩鎮走走。

十七世紀末哲學家萊布尼茲（Gottfried Wilhelm Leibniz）曾經說：「這個傳說背後隱藏著某種真實」，從中吐露出深刻的關切；而後通往這則傳說的真相之門，也漸漸被打開了。我調查之後發現，一二八四年六月二十六日這天，確實有一百三十名哈梅恩鎮孩童下落不明。發現這項歷史事實後，我的激動已經與在檔案館初次讀到這件事時大不相同，變成了一種深遠且持續的激昂。這不只是能夠以大人的目光，回首掠過童年記憶的傳說這種單純趣味，也不只是探討「孩子究竟去了哪裡」，解開傳說之謎這樣的趣味；我所深刻關心的，是遠超過這些的東西──「一百三十名幼童下落不明」這件異常事態，背後隱藏了有關當時歐洲社會庶民生活的種種。不管怎樣，當我內心梳理好最初的激動、理出頭緒準備踏上追尋的路途後，研究這則傳說就成了我日常生活的重心，每天除了蒐集史料、閱讀文件以外，再不做其他的事情。

幸運的是，對這個傳說的探索，和我一直以來不斷追尋的問題，剛好位在同一條線上；換句話說，它是我漫長研究生活中偶然綻放的一朵小花。我在一九七二年十一月號的《思想》雜誌（五八一號）已經闡述過這則傳說的本質、值得探討的內容及其定位。本書一方面集結了後續的研究成果，一方面也希望以這個傳說為中心，將視野放在對當時人們社會生活的觀察。

或許，這只是個發生在十三世紀德意志境內的某個小鎮，從一起小事件演變成地方性質的傳說；但這則傳說在短時間之內，就廣為全世界所知。無論一二八四年發生的這起事件背後到底蘊含怎樣的意義，當時哈梅恩人的悲傷與苦痛都超越了時空，直抵我們內心；在趨近這些顛沛流離的時人生活之際，我們應該也能超越對傳說單純解謎般的興趣或好奇心，直接觸碰到歐洲社會史的某種底蘊吧。

第 I 部

吹笛手傳說的樹立

第一章　吹笛手傳說的原型

《德意志傳說》

我們小時候在繪本或國、高中教科書上讀到的吹笛手（pied piper）故事，主要都取材自《德意志傳說》（*Deutsche Sagen*, 1816）或是羅伯特．白朗寧（Robert Browning）的詩集《花衣魔笛手》（*The Pied Piper of Hamelin*, 1849）。雖然白朗寧的詩對英語圈影響較大，但對德國而言，《德意志傳說》有著決定性的地位。相較於《花衣魔笛手》的詩篇屬性，《德意志傳說》則是以「蒐集古老佚聞傳說」為目的；考量這點，我們有必要先從格林兄弟的文本讀起。那麼，這個深深吸引著年幼我們的傳說，它的原型是什麼樣子呢？

一二八四年，哈梅恩這個城鎮出現了一位奇妙的男子。男子穿著形形色色布料混織而成的上衣，所以大家都叫他「花衣男」。男子宣稱是捕鼠人，只要支付一定的報酬，他就會把這個城市的鼠患澈底驅除。市民們於是和男子定下交易，答應事成後給他報酬。只見捕鼠人拿出一支笛子，開始吹奏起來；不久後，老鼠便從每個人的家裡跑出來，圍繞在男子身邊。當男子覺得應該沒有剩下的老鼠後，便走出〔城鎮〕，大批老鼠尾隨在他身後；男子就這樣把老鼠帶往威悉河邊，撩起衣服走進水中，而老鼠也跟著走進河裡，最後全都溺死了。

市民們免於鼠患後，開始對提供報酬這件事感到後悔，找各種藉口推三阻四，就是不願付錢；男子大為光火，憤怒地離開了城鎮。之後，在六月二十六日，聖約翰與保羅日的清晨——也有另一種說法是中午時分——男子再次出現在哈梅恩市。這次他露出恐怖的表情，穿著獵人的服裝，頭戴紅色帽子，在小路上吹起了笛子；結果，這次跟著他走的不是老鼠，而是四歲以上的少年少女。孩子們成群結隊走向他，其中也包括市長成年的女兒；他們跟在男子身後一起走進山裡，然後就消失不見了。

目擊到這起事態的，只有一個抱著幼兒、遠遠尾隨的保母；她帶著小女嬰回到鎮上，告訴人們這件事。有小孩的父母全都衝出家門，痛苦地找尋自己的孩子；母親們撕心裂肺，哭喊不休。鎮上也立刻派人前往海上、陸上的各個地方，詢問任何有關孩子的線索；可是，這一切全都徒勞無功，一百三十個孩子就這樣全部消失了。

據某些人的說法，之後有一個眼盲的孩子和一個喑啞的孩子回到鎮上。眼盲的孩子不知道自己去過哪裡，只能敘述自己怎樣跟在樂師（吹笛手）的身後，至於喑啞的孩子，雖然他知道自己去過哪裡，卻什麼也沒辦法說。另外還有一個孩子因為襯衫被風吹走，跑回去拿上衣而倖免於難。當這個孩子再次回來時，其他孩子已經消失在山丘上的一個洞穴中。

孩子們穿越其間、走向城鎮大門的那條道路，直到十八世紀中葉（甚至直到今天）仍然被稱為「禁止舞樂之路」（Bungelosen Straße）。在這條路上，禁止一切舞蹈與樂器演奏；即使是結婚隊伍在音樂伴奏下走出教會，到了這條小路也必須停止所有演奏，肅穆通過才行。那座位在哈梅恩近郊、孩子消失的山叫做「波朋貝爾格」*，在山腰的左右豎有兩塊十字的石頭。據某些人的說法，孩子們穿過洞穴之後，出現在外西凡尼亞（現今羅馬尼亞西北部山區）。①

---

* Poppenberg，詛咒之山。

哈梅恩市民將這起事件記錄在城鎮的年鑑上；透過這份年鑑，市民們可以計算他們從孩子失蹤開始，究竟過了多少的歲月。據賽佛瑞所述，年鑑上記載的時間不是六月二十六日，而是二十二日。在市議會的牆上，刻有以下的文字：

耶穌誕生後的一千兩百八十四年
哈梅恩鎮誕生的一百三十名孩子
在吹笛手的引導下離開城鎮
消失在山丘（koppen）之中

另一方面，城鎮的新大門也刻了這段拉丁語碑文：

於魔苟斯（魔王）從鎮上奪走一百三十名孩子之後兩百七十二年，建立此門。

一五七二年，市長將這個故事畫在教會的花窗上，並寫下必要的說明，可是如今大部分都已經無法辨識了；當地人們為了紀念這件事，還刻了一面銘牌。

以上是《德意志傳說》所刊載，〈哈梅恩的吹笛手〉的故事全文。格林兄弟附了將近十篇的參考文獻，可見他們並不單純把它當成讀物，而是要重新仔細收錄這則傳說。

我們小時候在繪本上讀到的《吹笛手》故事，應該都有提到一個不良於行的孩子吧？當他所有的朋友都被吹笛手帶往樂園時，只有那個孩子被留了下來，悲傷地陳述故事；孩子說，他的朋友們被帶往一個「湧出汩汩清泉、樹上結滿果實、蜜蜂不會扎人、馬的背上長著老鷹翅膀」的國度，只有他孤零零一個人，去不了那裡。

就像所有傳說一樣，這則傳說也隨著時光流逝，產生了巨大的變化。我們小時候聽的《吹笛手》故事，主要是來自十九世紀中葉白朗寧的角色塑造；他任憑想像的羽翼馳騁，在詩人的幻想世界裡，將這個傳說改寫成「獻給少年少女的故事」。另一方面，如同格林兄弟自己也是從各種相異的傳承中得到這個故事，早在兄弟倆編纂出這則故事以前，它就已經有了形形色色的版本。

這些繁多的版本，在無意識之間以不同的形態，生動地傳達出庶民隱藏在心中的願望與想法。關於這則傳說的變化過程，我會在第二部詳細說明；這裡先討論十九世紀初格林兄弟蒐集民間傳說時，以各種形式流傳下來的「吹笛手傳說」究竟是在何時、又是在怎樣的狀況下開始形成傳說。

所謂的傳說（Sage）和童話故事不同，是以曾經發生過的某個歷史事實為核心，加以轉變而形成的事物；特別是這個「吹笛手與一百三十名孩童失蹤的傳說」，無法全然將之視為虛構杜撰，也因此更具魄力，更加深刻地留在人們的記憶當中。

「捕鼠人」主題的出現

由格林兄弟傳下、並廣為現在人們所知的「吹笛手」或「捕鼠人」傳說，其雛形早在一六五〇年，德國維爾茲堡

十七世紀書籍《歷史繪畫館》描繪之「吹笛手誘惑孩童」。

的自然科學家阿塔納奇歐斯・基爾謝（Athanasius Kircher, 1601-1680）於羅馬出版的《普遍的音樂技法》（*Musurgia Universalis*）中，就已有幾近完整的敘述。

格林兄弟幾乎不曾提及老鼠怎麼來到鎮上，及其造成的損害，但基爾謝則詳細描述了當時的狀況；據他表示，一二〇〇年左右，老鼠在哈梅恩鎮急速繁衍，幾乎所有東西都難逃老鼠啃食，穀物水果都遭了殃，市民完全束手無策。這時，一位模樣奇特的男子出現在鎮上，在市民約定支付報酬後，他便吹起笛子趕走了老鼠，然而市民卻拒絕付款，於是他一怒之下，就帶著孩子們消失了。在這方面，基爾謝和格林兄弟所傳下的內容是一樣的，不過也有一些不同之處，比方說召集孩子時，這個身穿獵裝的男人用的是另一支笛子；他帶孩子前往的也不是山林，而是哈梅恩市郊威悉河畔一處足以讓馱馬進入的洞穴。另一方面，受時代背景影響，基爾謝將這名「吹笛手」解釋成接受上帝密令、將孩子們移往別處的惡魔，所以同時代外西凡尼亞的編年史才會記載「有一群從來不曾見過、說著異國語言的孩子突如其來出現」這樣的事。

就這樣，基爾謝的作品已然具備了流傳給格林兄弟的所有雛形，在這則傳說的形成過程中占有一席重要位置；但若我們繼續往前追溯，就可以發現在這段傳說演變的過程中，還有兩份占據了主要地位的史料。其中之一是咸認完成於一五六五年的《齊默恩編年史》

（*Zimmern Chronicle*）；另外則是一五六六年出版於巴塞爾（Basel），由約翰．韋爾（Johann Weyer）所著的《惡魔的訣竅》（*De praestigiis daemonum*）。

《齊默恩編年史》成書於今日德瑞奧邊境波登湖（Bodensee）北邊的梅斯基希（Meßkirch），這本書記載了一五三八年當地發生的鼠患，以及流浪的冒險者（Abenteuer）驅逐牠們的故事，另外又記載了一五五七年發生在巴伐利亞的施萬高（Schwangau）的鼠患故事；夾在這兩個故事中間的紀錄，就是「哈梅恩的捕鼠人傳說」。在這本書裡，除了老鼠不是被引入威悉河、而是被帶到山裡以外，裡面的敘述在整體架構上和之後的傳說大同小異。

然而，這部編年史在「吹笛手傳說」的形成沿革中有個關鍵意義；它是第一部將「捕鼠人」跟哈梅恩孩童的失蹤事件連結在一起的作品，而且故事經緯和格林兄弟的版本幾乎沒有什麼差別。一五六五年以前的「哈梅恩吹笛手傳說」完全看不到老鼠的蹤影，只有寫到一百三十名孩童失蹤。不只如此，從這本成書於梅斯基希的編年史我們也可發現，這時哈梅恩市的傳說已經傳到了德意志地區的最南端。

身為伊拉斯謨（Erasmus）弟子、曾被梅蘭希同*讚賞為「飽學之士」的約翰．韋爾，他在萊茵河畔的於利希－克利夫斯－伯格聯合公國（Jülich-Cleves-Berg）擔任醫生，曾秉持人文主義精神，勇敢地抨擊當時的魔女審判。他的著作掀起了對抗魔女審判的最初論戰，因此儘管有皇帝的推薦（保護令），這些著作還是被列入了教廷的禁書目錄。韋爾在羅列從亞當、夏娃到當代的惡魔伎倆時，也把哈梅恩傳說列舉其中。韋爾深信惡魔的存在；他表示，事件發生在一二八四年六月二十六日（現已確認這是正確日期），當時有一名穿著斑斕服裝的吹笛男子，帶著一百三十名孩童消失在附近的山丘。此外，韋爾在故事開頭寫到，這名吹笛手是來報復城鎮的背叛，他的說法為這則傳說的形成沿革提供了嶄新的主題。同時他也第一次提到有個孩子為了拿衣服而回家，結果被留下來的這件插曲。

還不只這樣，在《惡魔的訣竅》的第四版（1577），他首次提到失蹤的時間是早上七點、孩子們消失在洞穴中、以及和禁止舞樂之路間的關聯等等。撰寫第四版時，韋爾親自走訪了哈梅恩鎮，並目睹了據說是孩子消失的洞穴。對此他做出結論：「這恐怕是吹笛子的吸血鬼幹的好事。」

回溯到這兩項史料之前，「捕鼠人」這個主題與「吹笛人帶著孩子失蹤」的傳說，基本上是風馬牛不相干的事。兩者在十六世紀中葉進一步結合後，才創造出今日傳說的原

---

* Philipp Melanchthon（1497-1560），德意志著名的語言學家、哲學家、人類學家、神學家、詩人。

型。在這裡，我首先要把重點放在追查「吹笛人誘拐孩童」這個主題上。如此一來，我們便會踏入有關孩子失蹤的直接證據所在，也就是中世紀史料的領域。

探尋最古老的史料

現存關於孩童失蹤最古老的一份史料，是哈梅恩市集廣場教堂（Marktkirche）的玻璃彩繪。這座教堂是哈梅恩最古老的教會組織，最早是由教區的商人團體共同建成；十二世紀下半葉，他們已經築起了有三座中殿的聚會堂、方形的祭壇，以及外側參拜所的教堂，一三〇〇年又一次大規模改建。這棟教堂一直留存到一九四五年，才在空襲時受損。一三〇〇年改建時，在教堂東邊窗戶上鑲嵌了以「吹笛手和孩童的失蹤」為主題的玻璃彩繪（高六公尺、寬三公尺），底下還附有一段說明。

一五七二年，當時的哈梅恩市長弗烈德里希．波本蒂克（Friedrich Poppendieck）命人修復這幅畫，一六六〇年則被其他彩繪取代。然而哈梅恩的拉丁語學校校長薩繆爾．埃里希（Samuel Erich）在彩繪拆除前曾見過原畫，並在一六五四年抄錄了畫作下面的碑文，

哈梅恩的廣場教堂，左側拱型窗上鑲嵌著關於吹笛手傳說的玻璃彩繪。
（攝於1938年）

收錄在他的著作《哈梅恩的失蹤》（*Exodus Hamelensis*, 1654）。由於年代久遠，碑文有許多無法辨識的部分（見下圖）。

光憑這樣的抄錄內容，實在看不出什麼頭緒，但這塊彩繪碑文曾在十六世紀被許多紀錄和碑文引用。哈梅恩的鄉土史家漢斯．杜柏廷（Hans Dobbertin）參照了這些引用文獻，將之重現如下：

Am Dage Ioannis/ Et Pauli CXXX/ Sint
Binnen/ Hammelen Ge/ Faren Tho/
Kalvarie unde/ Dorch Geld in/ Allerlei
Gefar/ Gen Koppen Fur/ Bracht unde
Verlorn

Droben in narrationibus Historicis ist mehr denn einmahl gedacht worden des Fensters in der Pfarr-Kirchen / welches B. Poppendick hette repariren lassen. Solche Kirche wird von den Inwohnern ins gemein genandt die Marck Kirche / weil sie negst dem Marckte gelegen; das erwehnte Fenster darinnen stehet gegen Morgen / zwischen zweyen Beichtstülen / abseitig gegen dem RathsStuel über: darin befindet sich eine alte Figur eines Mannes in bunten Kleidern und mit einen hauffen Kinder ümbgeben / sampt andern Umbständen; die Schrifft (so viel deren annoch unzerbrochen vorhanden) stehet und lautet also:

AM DAGE JOHANNES
UND PA–LI ———
SINT BINNEN
HAMMELEN GE
BAREN THO K——
VARIE UNDE
DORCH ———
ALLERLEI GE ——
DEN KOPPEN ——
————————
ANNO 1572.

Und ziehlet diese JahrZahl auff annum reparationis, deren zuvor etliche mahl gedacht worden.

薩繆爾．埃里希所謄寫，收錄在《哈梅恩的失蹤》中的碑文。

勉強翻譯的話，就是「在聖約翰與保羅之日（六月二十六日），哈梅恩市有一百三十人朝著各各他山的方向（即東方）*，在領導者身後冒著重重危險，成群結隊走進山丘，從此消失蹤影。」

像這種不完整的碑文要重建，必定會摻入許多重建者自己的解讀。杜柏廷在解釋碑文時，也用後述方式放進了許多自己的論點；不過在此我們姑且不管他的解釋，模糊不清的地方暫且放下，先轉移到下一份史料。

傳述孩童失蹤事件的第二份史料，是一八三四年左右在哈梅恩的彌撒書《熱情》（*passionale*）首頁處，用紅色墨水寫下的拉丁文韻腳詩。這本彌撒書後來佚失，但韻腳詩卻在一七六一年被哈梅恩的牧師赫爾轉錄到《哈梅恩市史集成》一書中。光從赫爾的紀錄來看，這首韻腳詩有部分意義難以解讀，但杜柏廷設法將它重現到接近原型的狀態，得出結果如下：

* 英文為 Golgotha，意為「骷髏之地」，位於耶路撒冷城郊。四福音書記載耶穌基督曾被釘在各各他山的十字架上，各各他山因而成為耶穌基督受難的標誌。

一二八四年，這是男男女女消失的一年，也是一百三十名深受寵愛的哈梅恩市孩童，在「聖約翰與保羅之日」遭天意奪走的那一年。人們說，那些孩子是被各各他山活生生給吞沒了。基督啊，請保佑這樣的不幸別再降臨在我們這些罪人的身上了。一二八四年，在「聖約翰與保羅之日」進入各各他山的一百三十名孩子，自此行蹤不明。

第三份中古世紀的史料，是命運多舛、於一九三六年重新發現的呂訥堡手抄本（Lüneburger Handschrift）。這份手抄本曾在一七一九年萊布尼茲的助手丹尼爾·艾貝哈特·巴林（Daniel Eberhard Baring）校訂《布勞恩史懷克編年史》一書時，於呂訥堡的檔案館發現，（如後述）萊布尼茲也看過，但之後就沉眠在某個不為人知的角落。在這本書中，有一份明登（Minden）僧侶亨利希·馮·赫爾弗特（Heinrich von Herford, ?-1370）的《金鎖》（*Catena aurea*）抄寫本；在這份抄寫本的最後一頁，多了一段應是於一四三〇至一四五〇年間追加的旁註，以下引用全文：

我要傳述一個極端不可思議的奇蹟；這是在上主紀元一二八四年的「聖約翰與保羅之日」，發生在明登主教區哈梅恩市的事件。當時有個外貌三十歲左右的年輕男子渡過橋梁，從威悉門進入市區；男子穿著相當高貴的服裝，華美的程度讓眾人驚嘆不已。他拿出一把形狀奇特的銀色笛子，在鎮上吹響起來；緊接著，聽到笛聲的孩子總計一百三十人全都跟在男子身後，穿過東門走往各各他（刑場）的方向，然後便消失了蹤影。孩子們究竟去了哪兒呢？那怕只剩一個孩子也好，有沒有留下來的呢？任誰也不知道。孩子們的父母奔走過一座又一座城鎮，（拚命找尋自己的孩子），卻什麼也沒發現。

宛若從拉瑪傳來的悲號聲一樣（馬太福音2：18），思念孩子的母親們全都悲泣不已。彷彿上主紀元一年、兩年地走著、又彷彿某個值得紀念的日子一年、兩年地經過般，哈梅恩鎮的人們也從孩子失蹤之日開始，年復一年地數著歲月的流逝。我在一本古老的書籍上讀到了這樣的故事；修道院長約翰尼斯．德．路得的母親，也曾目睹孩子們走出城鎮的模樣。

同樣在哈梅恩這個小城市，一三四七年七月二十四日又發生了這樣的事：有一條排水溝，長期都被鐵柵給封閉起來；有一天，這塊鐵柵掉到了排水溝當中，當時有三兄弟原本要幫助掉下去的孩子爬上來，結果自己也掉下去，最後全都窒息身亡。人們說，這條排水溝裡恐怕棲息著龍或蛇尾雞（basilisk，一種被牠目光瞪視到就會瞬間死亡的怪蛇），但我認為把這件事看成排水溝長時間封閉、空氣品質惡劣所致，方為正解。

以上三項記載，就是幾近全部關於「吹笛手與孩童失蹤」的中世紀史料了。一五〇〇年以後的史料全都屬於二手史料，也深受文藝復興、人文主義及宗教改革等時代背景的影響，因此要探尋這項傳說的原型，就只能和這三份史料進行正面對決。

和十六世紀以降的韋爾、基爾謝乃至格林兄弟、白朗寧等人所流傳下來的傳說內容相比，這些中世紀史料有個決定性的差異點：它們是完全沒有修飾、單純陳述事實的報告，也不含任何超自然的要素在其中。傳說這東西，愈是逼近做為發軔的歷史事件本身，呈現的樣貌就愈質樸單純；就這層意義來說，這些中世紀史料，正是這項傳說的最古早紀錄。因此，我們首先要做的就是透過這些史料，剖析最靠近歷史事實那一瞬間的情況。

失蹤日期、人數、地點

做為這三份史料共通的交會點，我們首先能夠確認的是事件的日期。在一二八四年的聖約翰與保羅之日——也就是六月二十六日，發生了某起事件，這點從所有史料的描述來看，幾可篤定是歷史事實。

哈梅恩市的法政登錄簿《多納之書》（*Donat*）中，有一份日期為一三五一年四月四日的文件，是市議會（Stadtrat）將位於市內新市場的某間房子賣給艾姆倫斯伯恩（Amelungsborn）修道院的相關紀錄。在紀錄的末尾有這樣一段附記：「……透過我方公證人約翰．托曼的見證完成程序。上主紀元一三五一年；孩子失蹤……二八三年後，聖盎博羅削之日。」最後的「孩子失蹤……二八三年後」（post exitum puerorum.....cc. lxxxiii）這部分，不管怎麼想都應該用杜柏廷的解讀方式，也就是post exitum puerorum（anni M.）cc. lxxxiii，「孩子失蹤（一）二八三年後」才對，可是這樣又有一年的誤差。編纂《哈梅恩市文書集》的奧托．馬那托斯就認為，這段「孩子失蹤」以下的補述，是出自十六世紀的抄寫員之手，因此將這部分從史料集中刪除，只留下註解；但杜柏廷不以為然，認為這段文字確實是十四世紀的紀錄。他翻閱了哈梅恩市文件館保存的《多納之書》原版，認定這字跡確實是托曼本人所寫，但我們無從判斷。不過若參照其他方面的資料，一二八四年六月二十六日這個日期應該是不可動搖的，杜柏廷對這點也沒有異議。

接著，有關失蹤者的狀況及人數，又是怎麼一回事呢？中世紀的史料自不用說，都是用拉丁文寫成；在這起案件中，拉丁語的「pueri」（孩子）、一百三十人這個數字，也是鐵打的紀錄。固然也有人（比方說杜柏廷）認為，就跟我們自稱「江戶老街土生土長的孩子」一樣，德意志的成年人也會自稱「市鎮長大的孩子」（Stadtkind），因此他提出異議，主張這裡的「孩子」其實不是兒童，而是大人；但先不管學說，單從史料來看，由於有好幾份史料都做出了「一百三十名孩子」的證言，所以我們也只能坦然接受這種說法。

不只如此，以上三篇史料全都記述了，孩子們是在「各各他山一帶下落不明」。因此，透過剖析這幾份中世紀史料，我們應可認定：「一二八四年六月二十六日，哈梅恩有一百三十名孩童，在各各他山一帶失去蹤影。」這是確切發生過的歷史事實。

可是，在剖析這項做為傳說核心的歷史事實時，我們雖然可以透過這三份中世紀史料那種平淡筆觸與不加修飾的文筆，感受到它們做為事實報告的價值，但另一方面，卻也免不了有種好像少了什麼關鍵的感覺——那就是這一百三十名孩童為什麼會行蹤不明，這三份史料完全沒有提及。之所以如此，正是因為史料記錄者認為孩童失蹤的原因本身就是謎，才會有這些紀錄；也就是說，這幾份最接近傳說的出發點、也就是歷史事件本身的史料，全都是籠罩在傳說的迷霧中寫就的。接下來，我們終於要開始這項極其困難的工作，也就是探索這些寫下紀錄的人眼中的這團迷霧，一點一點釐清事件的全貌。

審定註

①外西凡尼亞（Transylvania），德意志人將該地稱為七堡（Siebenbürgen），係因十一世紀德意志人剛移民拓殖此地時，興建了七座城堡，遂以之為名。外西凡尼亞在中古時期隸屬匈牙利王國所有，但從近古之後，尤其在十七世紀以後該地移入了大批的羅馬尼亞人，使得羅馬尼亞及馬札爾兩族群結構發生轉變，羅馬尼亞人漸成多數民族，至十九世紀民族主義高漲的年代中，此地漸成兩民族競逐之地。至一戰結束奧匈帝國解體後，外西凡尼亞被羅馬尼亞王國所奪。二戰前同為軸心國成員的匈羅兩國，在納粹元首希特勒的介入調停之下，外西凡尼亞分割為兩部分，匈牙利取得較大的部分；然而俟二戰一結束，在蘇聯總書記史達林的主導下，外西凡尼亞復全歸羅馬尼亞所有，直迄今日。

第二章　一二八四年六月二十六日記事

超越眾說紛紜的論點

在德國或是其他國家，探討「一百三十名孩童失蹤」原因的研究至今不輟；故此，若我們跳過這四百年間歐洲的研究史不提，想直接討論這項傳說的歷史背景，那是絕對不可行的。沃夫岡・范恩（Wolfgang Wann）就將迄今為止的所有論點分成二十五個主題，讓我們先來概觀一下：

(1) **跳舞病**　一五九〇／一六〇四（約翰尼斯・雷茲那）

(2) **移居至外西凡尼亞**　一六二二（論者不詳；范恩在註記中表示「這已經是種超越事實的解釋，而近乎傳說」。）

(3) 兒童十字軍　一六五四（薩繆爾・埃里希）
(4) 於一四五七或一四六二年前往諾曼第的聖米迦勒朝聖　一六五四（同上）
(5) 遭野獸吞食殺害　一六五四（同上）
(6) 純屬編造的故事　一六五四（賽巴斯汀・修皮卡）
(7) 被當成猶太教儀式的祭品而遭殺害　一六五九／六二（馬丁・肖克）
(8) 被監禁在某間地下監獄　一六五九／六二（同上）
(9) 於一二八五年追隨某個偽稱皇帝腓特烈二世的人（比如說迪雷・戈爾布）*而去
一六五九／六二（同上）
(10) 在東門前的競技比賽中喪命　一六五九／六二（同上）
(11) 從懸崖上掉落水中溺斃　一六五九／六二（同上）
(12) 因地震引起的山崩而喪命　一六五九／六二（同上）
(13) 被修士誘拐至修道院　一六九〇（法蘭茲・沃格）
(14) 和狂熱的鞭笞苦修集團一起消失　一六九〇（同上）
(15) 被盜賊集團誘拐　一六九〇（同上）
(16) 為了某種未知目的而被召集　一七〇五（論者不詳）

(17) **在一二六〇年賽德蒙德之戰（Battle of Sedemünder）中戰死**　一七四一（約阿希姆・康拉德・雷卡）

(18) **被當成新兵徵召**　一七八八（約翰・腓特烈・穆勒）

(19) **以鑿石工學徒身分被送往波希米亞或外西凡尼亞**　一八三四（論者不詳）

(20) **所謂妖精傳說的延伸**　一八四五（哥廷根大學教授　威廉・穆勒）

(21) **為古基督教儀式所需而殺人**　一八四七（喬治・弗里德里希・道默）

(22) **純粹的神話主題**　一八七五（莫里茨・布許）

(23) **遊歷傳說被帶進哈梅恩，融合產生的結果**　一八八〇（L・迪雷斯）

(24) **從死亡之舞的敘述中衍生的產物**　一九〇五（R・沙林傑）

(25) **類似黑死病的瘟疫，造成大量死亡**　一九〇五（同上）

除了以上這些論點，還要加上范恩自己與杜柏廷的新見解——中古德人東向移民拓殖說，以及沃特勞德・葳勒女士（Waltraud Woller）的遇難說。

---

* Tile Kolup/ Dietrich Holzschuh，一個出現在德國西部科隆的人物，此人自稱「皇帝腓特烈二世」，並用流利的口才哄騙科隆人；但皇帝當時已逝世快三四十年，如果活著應該有九十五歲，但這位偽帝看起來卻只有三十出頭。結果，偽帝被真正的皇帝逮捕，處以火刑。

綜觀這些說法後，我們馬上能清楚察覺「探究孩童失蹤的原因」這件事，本身就與各研究者自身所處時代有著密切關聯。關於這點我會在第二部討論，在此姑且擱置；但在眾說紛紜當中，至今仍值得探討的主要是1、2、3、9、11、12、17、24，以及德人東向移民拓殖說。要分析這些多樣的論點，我們首先必須充分認識這起事件的舞台——哈梅恩這座城鎮及其居民，以及當時的世界與社會；儘管這樣的觀點理所當然，然而迄今為止的研究卻經常忽略與輕視這點。

以往有關本傳說的研究，多半被框限在民俗學的範圍內；對於整起事件時間的推移，以及時代背景的舞台、亦即這座城市的諸般狀況，研究者們卻很少考量評價；不只如此，他們大多都是出自強烈的個人興趣，或抱持「孩子們都去哪兒了」這種解謎式的好奇心，才會下功夫探索。

孩子們都去哪兒了？這是當然會有的疑問，也是值得追尋的課題。然而就像我一開始所說的，在這樣的好奇心背後，不是還有更應該關注的重點，比方說「為什麼孩子們非得離開城鎮不可」，或是「為什麼孩子們的失蹤會變成如此有名的傳說」嗎？要解開這些問題，就必須從當時哈梅恩市的各種狀況，去探究原委。

呂訥堡手抄本的可信度

從這樣的觀點出發，為了分析並定位這一連串長久累積下來的論點，我再次轉回中世紀史料當中內容最豐富的呂訥堡手抄本，找出解析本起事件所需的幾個項目，並一一加以思索考量。

首先整體而言，這位手抄本的作者用今天的話來說，頭腦簡直清醒得驚人。雖然從前半段描述哈梅恩孩童失蹤的筆觸就可見一斑，但後半段較不為人注目、有關排水溝的敘述，更是極其科學。

那個時代的人們會認為排水溝裡

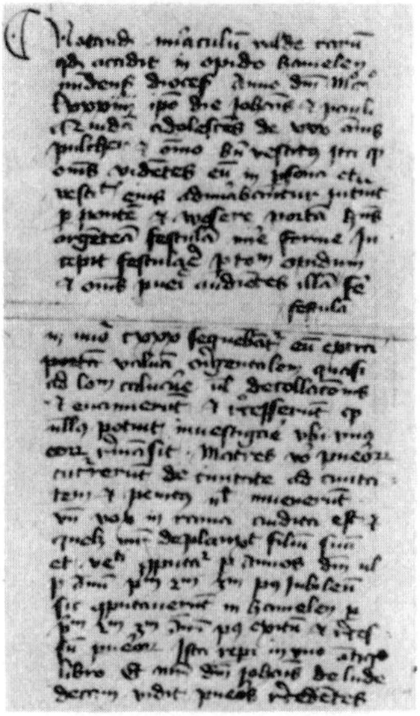

《呂訥堡手抄本》部分片段。

被認為是最古老的「吹笛手」素描（中世紀手抄本封面上的題簽）。

棲息著龍或蛇尾雞，並以此解釋橫死的原因，一點也不奇怪。此外也可以讀出，即使在那個時代教育水準高出許多的聖職者，也抱持著和平民百姓同樣的想法，以一種面對「不可思議的怪事」的害怕情緒來記錄這類事件。然而，手抄本的作者卻完全不甩這套迷信，而是以堪稱極為現代風格的筆觸，清楚描述了這起疑似是一氧化碳中毒或缺氧所導致的死亡事件。

從這位作者冷靜的態度來看，他這篇紀錄的前半段、也就是有關一四三〇至一四五〇年左右哈梅恩市民對「孩子們的失蹤」抱持何種態度的記述，應該能相當正確地再現當時人們的印象。

為了從這唯一一篇堪稱內容豐富的中世紀史料當中，找出只有經過歷史的淘洗才能呈現出的事件本體，我們必須加以審視從一二八四年到這份文件寫成的一四三〇至一四五〇年之間，攸關文件的種種人、事、物變化，以及當時社會的實際狀況。為了達到這個目的，首先要探索的對象就是**（一）哈梅恩這座城市本身**。

一二八四年的哈梅恩處於什麼狀態，隱藏了什麼問題？此外，它在一四三〇到一四五〇年之間又產生了什麼變化？這點是整起事件的大前提，非釐清不可。接下來第二個問題是**（二）這起事件的主角，也就是那一百三十名孩子**。當然，想透過史料來掌握一二八四年中世紀城市兒童的生活，幾乎是不可能的。所以針對這個問題，必須將「尋找孩子蹤跡的父母」也一併考量，也就是哈梅恩的市民階級。哈梅恩的市民階級在一八二四年左右處於什麼狀態，隱藏了什麼問題？而他們在一四三〇至一四五〇年之間又產生了什麼變化？就算只能抓個大概，也得設法抓住才行。最後一個問題則是**（三）事件的另一個主角「吹笛手」**。「吹笛手」的真實身分究竟是什麼？為什麼他在這份文件裡會成為整起事件的主角？吹笛手、哈梅恩市及其市民，以及孩子們之間的關係究竟為何，我們必須從時間的洪流中設法找出解答。

在探究這些問題時，我會介紹迄今西歐值得一提的論點或假說，並闡述我個人的意見。不只如此，以上提到的城市、市民及吹笛手等問題，雖然得從哈梅恩市本身的角度加以分析，但哈梅恩市並非一座與世隔絕的孤島，所以也必須把當時的哈梅恩市放在全歐洲的脈絡下，來處理這三個問題。

透過這樣的做法，我們得以首次跨越追尋這個傳說單純的解謎趣味，並找出一個趨近歐洲社會史的破口。

哈梅恩市成立沿革

哈梅恩這座城鎮究竟在哪？西德境內大致有四條河流貫穿其間，分別是鄰近法德邊境的萊茵河（Rhein）、貫穿德奧邊境的多瑙河（Donau）、下游地帶做為西德與東德界河的易北河（Elbe），以及從北海貫穿德國正中央的威悉河（Weser）。威悉河穿過以「布萊梅的樂隊」（Die Bremer Stadtmusikanten）廣為人知、做為要港通往世界的漢薩城市布萊梅，從明登連往漢明登一帶，接著在漢明登分成富爾達與韋拉兩條支流，繼續往南延伸。

在明登與漢明登之間的流域一般稱為威悉高地（Weserbergland），是一片風和日麗的坦原。威悉河在此寬廣且悠緩地流淌，人們會在夏天搭遊艇或划艇沿河暢遊，岸邊有自行

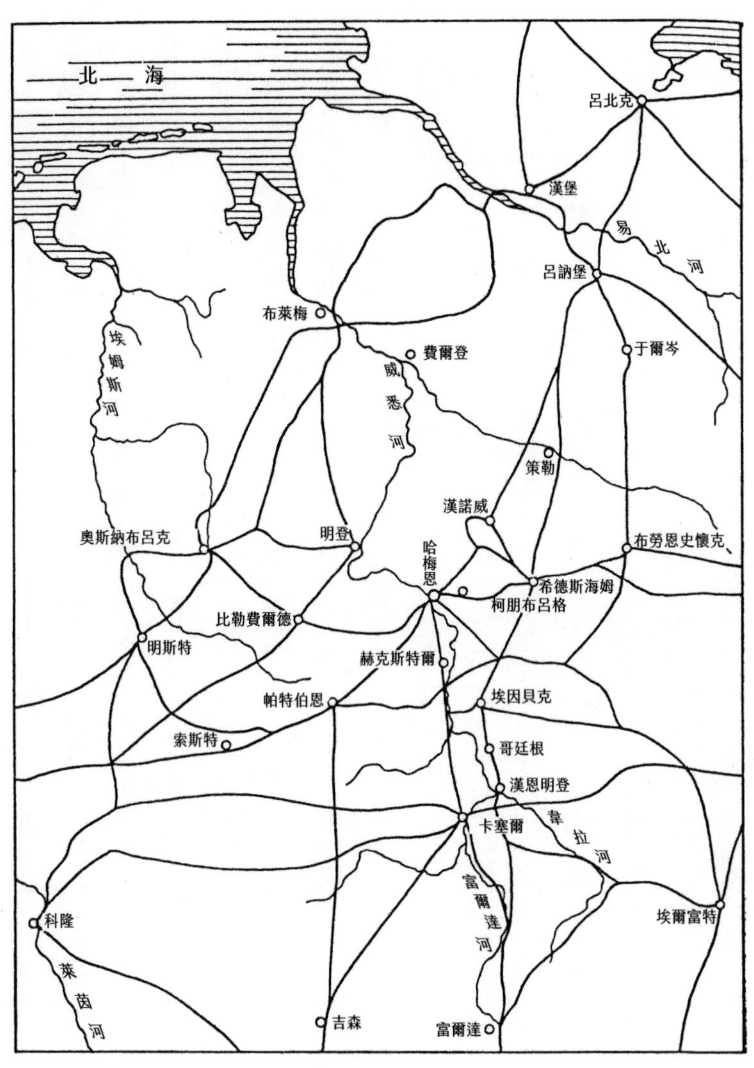

中世紀哈梅恩周遭的商路

車道和穿越林間的私家車道，樹蔭下散落著典雅精緻的餐館，該地迄今仍未沾染太多文明塵囂。這附近地力不甚肥沃，所以並沒有大型聚落；就像十七世紀後期逃避法國「太陽王」路易十四的宗教迫害，移居落腳此地的法蘭西新教徒于格諾信徒[2]虔敬地將他們的小小聚落命名為「忠實於神」（Gottstreu）一樣，這片土地充滿了寧靜的氛圍。既然到現在都還維持這種狀態，那在西元八、九世紀的時候，自然更沒什麼值得一看的東西了。

最早開始在這個地區從事基督教傳教事業的，是位在威悉河上游的富爾達修道院（Kloster Fulda）。聖職者們在威悉河與哈默爾河合流、從明登通往希德斯海姆、帕特伯恩及漢諾威的古老道路要衝處，設置了前進據點聖鮑尼法斯分院（Münster St. Bonifatius），這就是哈梅恩市的前身。七八〇年，仍屬法蘭克王國統轄領域內的這座分院和轄下的提利斯高（Tilithigau）地區一起併入明登主教區，從而脫離了富爾達修道院的教區行政管轄。

就這樣，哈梅恩分院的聖職者被納入明登主教區，富爾達修道院除了財政上的權限外，就只剩聖鮑尼法斯分院院長的任命權而已（到了十三世紀，他們連這個權力也失去了）。雖然教區行政劃分的問題很讓人頭大，但它和我們的傳說有著切也切不斷的關係，所以還是對以上的事情多少留點印象比較好。此外，翻開十世紀左右的名冊，哈梅恩的聖鮑尼法斯分院裡有十一位修道神父與多名學生，其中載錄的人名，幾乎都是日耳曼語系的

鮑尼法斯分院的印璽

名字。

富爾達修道院在哈梅恩周邊蒙受薩克森部族的伯恩哈德等人捐贈，因此持有廣大的土地。根據九世紀的史料，它在周邊至少擁有一百一十一座農園及七座莊園，其中一座莊園位在哈梅恩。除了這些以外，它在哈梅恩還轄有六十名佃農、三所教會、五座水車；之後這些財產全都歸入聖鮑尼法斯分院所有。

就這樣，富爾達修道院在九世紀到十三世紀間艱辛地保住了分院院長任命權、貨幣鑄造權、關稅，以及名義上的領主權。我們也可從中看到以富爾達修道院為中心的大莊園領主制，也就是所謂古典莊園制（Villikation）的解體現象。

那麼，聖鮑尼法斯分院又是怎樣變成哈梅恩市呢？

從萊茵河經希德斯海姆（Hildesheim）通往易北河，哈梅恩正是沿著這條橫跨德國西部至東部的軍用道路而建設起來。現今哈梅恩市有一座橫跨威悉河的橋梁，遠在中古初期的法蘭克王國統治時期，法蘭克人就為了維護這座橋而在周邊設置農奴村莊，造橋的木材更是從周邊三十八個村莊徵用。自古以來商人頻繁利用這座橋，也會就地在橋邊將弗里斯蘭產的布料賣給當地民眾。一二七七年的史料還提及古老型態的橋，但到了一三九〇年則已改為石造的橋。從以上事實可看出這座橋做為東西交通要衝的重要性。

十世紀後期，富爾達修道院從德意

哈梅恩的水車磨坊

志國王③處取得了哈梅恩的市場高權特許證。* 修道院因此得以鑄造貨幣、對來往船舶收取關稅、向造訪市場的人們徵收市場稅，並為了維持市場秩序行使警察權。一一七〇年左右逝世的西斯拉夫人傳教士赫爾莫特（Helmold von Bosau），曾經將當時這座城鎮稱為「維拉·普布利卡·庫維爾哈梅雷」，意思是「有水車的固定市集」。** 一二三五年首度登場的哈梅恩市徽上面也刻著水車圖案，由此可以想見，這座城鎮有多麼依賴使用水車的磨粉業；甚至在之後，哈梅恩市主要的特產品也是水車的磨臼石。大家不妨回想一下小時候讀過繪本上的水車磨坊畫面：骨碌碌不停轉動的水車，中間有著一根粗大的軸緩緩轉動，搗著杵空咚、空咚地發出巨響。地板和柱子上都積滿了麵粉，牆壁的孔洞和天花板深處則有老鼠睜著閃亮亮的目光，對著麵粉虎視眈眈。水車磨坊和老鼠，堪稱是一對密不可分的拍檔。

在中世紀，任何地方的穀倉都免不了鼠患，是令人相當頭大的問題。即使到了十六世

---

* 高權（Hoheit），指不受中央政府管轄，獨立行使的司法、行政、立法等公權力。

** 維拉（villa）是居住處，普布利卡（publica）則為人群聚集之意。至於庫維爾（queren）衍伸自德語的quer，有橫跨、交叉的意思；哈梅雷推測應為水車磨坊，也是哈梅恩的字根來源。因此本詞更精確的意思應為「水車磨坊（旁）的岔路口，人群聚集居住之處」。

紀，「捕鼠人傳說」對哈梅恩而言仍舊至關重要；從這點就可清楚證明該問題的嚴重性。

總之就像這樣，在橫跨前述軍用道路的橋梁旁邊，出現了最初的固定市集。分院握有市場的控制權，而定居在市場的人們則必須向分院繳納房屋地稅。

位於交通要衝的市場提供了各式各樣的賺錢機會，移居此地的人們日益增加；但即便如此，也還不足以形成城市。中世紀德意志的城市幾乎無一例外，都有著城牆環繞，並建立起一套以教會（Kirche）、市場（Marktplatz）、市政廳（Rathaus）為中心的空間秩序。換句話說，當時的城市大多不是零存整付、一點一點形成，而是在縝密的規畫下發展而成。既然如此，那至今仍留存原始風貌的哈梅恩市，又是在何時、由何人計劃建成呢？

不管是哪裡，建設城市的通常都是大商人、騎士及大地主，哈梅恩也不例外。主導哈梅恩市建設的是艾菲斯坦伯爵亞伯特（Albrecht I, Graf von Everstein），他在十二世紀初從富爾達修道院手中獲得哈梅恩分院的守護（vogt）一職，並得到采邑（lehen）。就大原則來說，守護原本是為了保護非武裝的修道院而設立，實際上則是用來保護富爾達修道院的世俗利益，而受託享有哈梅恩的司法高權。

根據哈梅恩市文件集，在一一八五到一二〇二年間首次出現了「奇威塔斯・哈梅連」（civitas Hameln，哈梅恩市）這個名稱，因此最晚到十二世紀末，這座城市的建設主體部

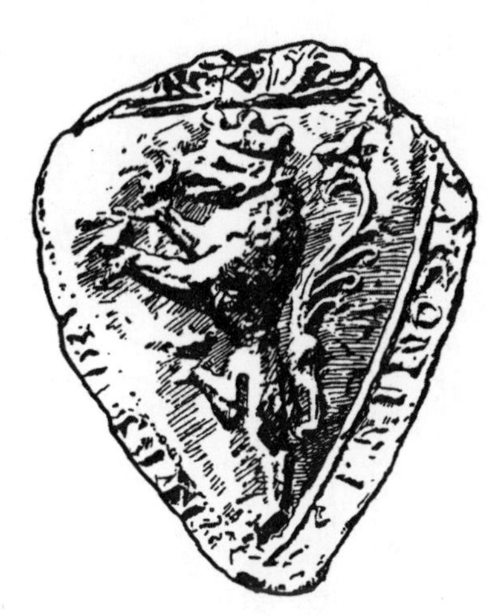

艾菲斯坦伯爵的家徽

分應已塵埃落定。聖尼古拉斯（Sanctus Nicolaus）被定為城市教堂的守護聖人，也說明城市的建設幾可確定就是在這個時代。這位享譽全球的的「聖誕老人」聖尼古拉斯，他的遺骸在一〇八七年才從小亞細亞的米拉遷移到義大利的巴里；會在德意志全境受此推崇，想必是這之後數十年的事情。

就這樣，以艾菲斯坦伯爵為首，在當地商人及地主的協力下，形塑了哈梅恩最初的城市計畫。但他們是在怎樣的情況下，才會打算建設這座城市呢？

十一、十二世紀的歐洲北部，因應歷史學家亨利．皮雷納（Henri Pirenne）所說的「商業復興」，如雨後春筍般一下子冒出了許多城市。今天我們所能探訪的德國諸城市，幾乎都是在這個時候誕生的。前面提到，「商業復興」的先驅是弗里斯蘭的商人。哈梅恩市也是當時全歐洲盛行的城市建設的一環，但它其實相當晚才加入這股熱潮；之所以如此，得考慮到該地區特有的狀況。

當時在薩克森地區權勢最大的，是威爾芬家族的薩克森公爵獅子亨利希（Heinrich der Löwe, 1129-1195），但他在十二世紀末的權力鬥爭被霍恩史陶芬王朝皇帝紅鬍子腓特烈（Friedrich I. Barbarossa, 1122-1190，腓特烈一世）所鬥倒。④腓特烈一世為了擊敗跟自己旗鼓相當的亨利希，承諾諸侯把亨利希留下的領土分給他們；一一八〇年亨利希失勢後，今日的下薩克森地區遂裂解為數個亟欲劃分獨立領土的小伯國、公國及小型領主階級，相互競爭傾軋。⑤和腓特烈一世關係深厚的艾菲斯坦家族，也加入了這個角逐的行列。

然而，要突破既有控制圈的網羅，形成新的控制領地，並不是件那麼容易的事。哈梅恩市的建設從一開始，就受到富爾達修道院的掣肘；之所以如此，是因為修道院擔心城市成立後，原本隸屬修道院的民眾會轉移到新的城市，從而導致收入減少。可就算遭受經濟損失，在富爾達修道院還保有市場權等特權的情況下，加加減減應該還有剩餘才對；因此他們真正顧慮的，其實是城市的成立，會失去哈梅恩分院及其控制圈的所有收入。而這層顧慮的確頗有道理。

打從十二世紀末起，哈梅恩分院參議會（Kapitel）就已不接受富爾達方面任命的院長，而是自己選出院長，再由富爾達院長加以認可。此外，分院從富爾達獨立出來，艾菲斯坦家族也出力不少，因此日後分院的院長經常出自艾菲斯坦家族，富爾達方面也無從置喙。

就這樣，艾菲斯坦家族將分院與市民都拉攏到自己這邊，富爾達修道院則保持名目上的上級控制權，城市也開始展開建設。不管怎麼說，過去掌權的富爾達修道院，就這樣實質退出了歷史主舞台。一二四三年，城市與分院達成協議，市議會認可分院對自古以來對威悉橋道路與教會沿線的土地所有權，而分院則同意代理長官廳舍（Schultenhof）周邊的兩到三塊建築用地歸入城市法管轄。另一方面，教堂（Münster）周圍的區域則定為分院「不輸不入」*的莊園，得免於城市的賦稅與審判權。在城市和分院明確劃分領域的同時，市中心也移往更北邊的奧斯塔街一帶。就這樣，在一二〇〇至一二五〇年間，我們現今所能見到的哈梅恩市輪廓，已大致確立完成。

---

* immunität，中世紀歐洲莊園制的特權，由國王授予領主。領主除了免除莊園繳稅義務，也有拒絕外人進入莊園的權利。

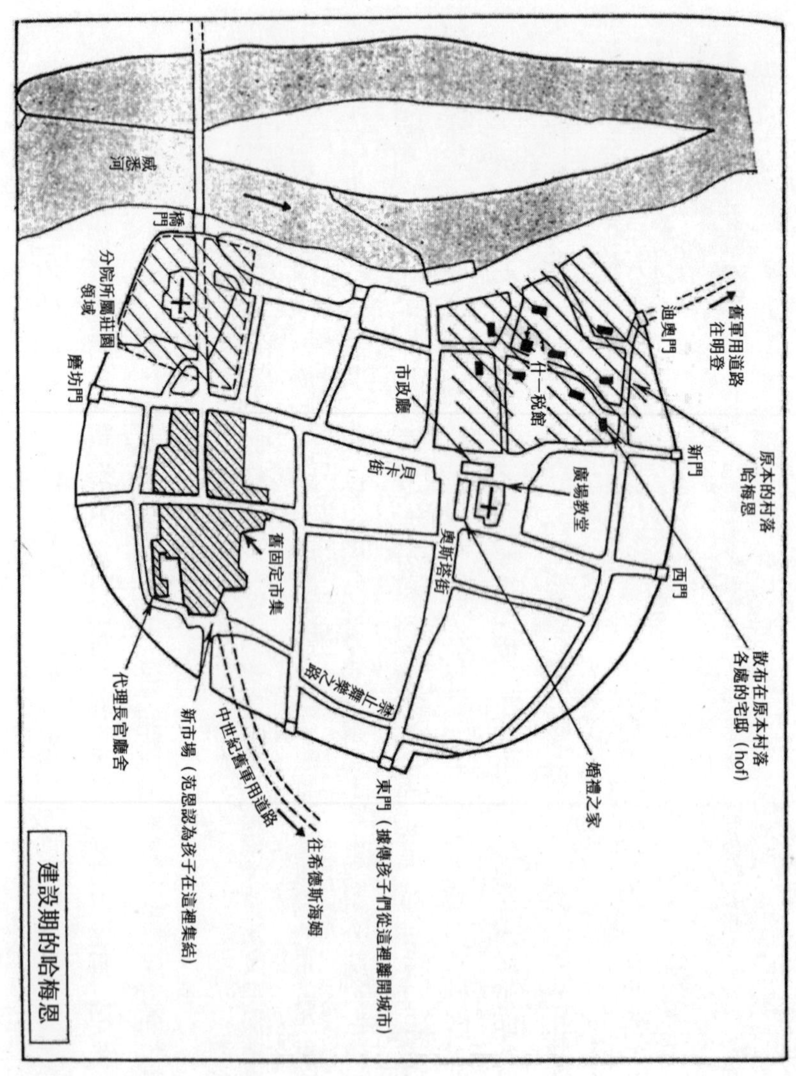
威悉河
橋門
分院所屬莊園領域
磨坊門
舊軍用道路
往明登
迪奧門
原本的村落
哈梅恩
市政廳
什一稅館
新門
廣場教堂
貝卡街
奧斯塔街
舊固定市集
西門
散布在原本村落
各處的宅邸（hof）
婚禮之家
禁止舞樂之路
東門（據傳孩子們從這裡離開城市）
中世紀舊軍用道路
往希德斯海姆
新市場（范恩認為孩子在這裡集結）
代理長官廳舍

建設期的哈梅恩

現在，就讓我們一邊留意與「吹笛手傳說」相關的諸多遺跡，一邊在這座小小的城鎮悠閒地散個步吧！

漫步哈梅恩

雖然前往哈梅恩的交通方式有很多種，不過現在我會選擇在杜塞爾道夫（Düsseldorf）火車站搭乘早上九點十九分的快車，於十二點二十四分在阿爾滕貝格（Altenberg）下車；我們在這裡候車二十分鐘，再轉搭前往漢諾威（Hannover）的列車，最後就能在十三點三十五分抵達哈梅恩。當火車沿著威悉河而下時，景色美不勝收；越過赫克斯特爾、霍爾茨明登（Holzmünden），飽覽沿途木筋牆（Fachwerk）建築的美麗立面（Facade）後，渡過橫跨威悉河的橋梁，我們就會抵達哈梅恩分院跟前。

一下車，眼前是橋門（Brücketor，市門）。雖然要到一二七七年的史料才首次提及橋的存在，但這時已經需要市門，所以便有了橋門。這座大門一般稱為「威悉門」或「威悉森林之門」；呂訥堡手抄本裡的吹笛手也和我們一樣，從這座門踏入城鎮。通過這座門，

貝卡街（1870年左右）

迎面而來的黝黑建築物就是聖鮑尼法斯分院，教堂聳立其中。在這裡曾收藏著前述的第二份中世紀史料、被認為撰於一三八四年左右的彌撒書《熱情》。這一帶屬於分院的控制領地，從橋沿著筆直通往鎮上的道路前進，就會看見分院後方的古老固定市集。在城市建立前，這條路是連結希德斯海姆與馬格德堡（Magdeburg）的軍用道路。

穿過分院後，我們在十字路口左轉。這條寬敞的道路叫貝卡街，沿著走一會兒就能到達馬市廣場（pferdemarkt）；這裡就是所謂新的市中心。在廣場右手邊，可以看到一棟漆黑的奇特房屋，被稱為「婚禮之家」（Hochzeithaus）；如同後述，這裡有一塊十七世紀初期的碑文，記述吹笛手與孩子們的故事。這棟房屋前方直到第二次世界大戰以前，都是市政廳的所在地，但在經歷兵燹之災後並未重建，因此成了一片在中世紀沒有的廣場。

婚禮之家的前面搭了座露台，最近每到星期天上午十一點，就會為觀光客上演「捕鼠人與孩子的失蹤」短劇。這齣劇由七十五位哈梅恩的青少年出演，三十五人穿著當時孩子的服裝，四十人扮演老鼠。我看到短劇的時候，正好演到吹笛手帶著老鼠魚貫而出的場面，但他們並沒有沿奧斯塔街走出東門（Ostertor），而是在城鎮內四處遊行。隨著時間遞嬗，哈梅恩人的意識也隨之改變；傳說已化為偏離史實的觀光資源，並以白朗寧描寫的情節之姿重返這座城鎮。

婚禮之家的旁邊是市集廣場教堂（Marktkirche St. Nikolai，聖尼古拉教堂）。這座教堂是獻給船員與啤酒釀造業者的守護者聖尼古拉斯的建築；十二世紀上半葉，它已經建了西側的塔，下半葉時又蓋了有三座中殿的聚會堂，以及外側的參拜所；前述中世紀的第一份史料——玻璃彩繪就位在這裡。這座教堂在一九四五年毀於空襲，一九五九年以和原貌略為相異的形式重建。面向市場右轉，走一段路再往左轉，就會看到什一稅館（Zehnthof）。這一帶在哈梅恩市發展起來前原本是農奴村落，城鎮將該聚落包納其中並逐步興建而成。

直到現在，這附近的房子依然相當狹窄，正面的寬度只有五到七公尺左右。居住在這裡的人們，並不具備中世紀市民權之一的釀造權。在這些小房子中間殘存的舊聚落道路，直到現在仍呈現細細蜿蜒的不規則形狀。什一稅館過去是農奴莊園建築，現在則搖身一變成為市法院，但不知為何，這棟建築總給人一種塵埃密布、充滿雞鴨牛羊味道的氛圍。

我們再次走回馬市廣場，從婚禮之家往左轉，沿著奧斯塔街往東，街道兩旁的建築物極為氣派，十分吸睛。在這個地區，哈梅恩早在中世紀就已經有許多石造建築，這點十分罕見。這些是上層市民的住宅，每一棟房屋的正面寬度有二十五到四十二公尺，也都擁有啤酒釀造權。沿著奧斯塔街筆直往前，在快要接近東門的地方往右轉，會進入一條細長的道路，這就是「禁止舞樂之路」（一四七二年首度以此名稱登場）；在它的一角，有著「捕鼠人之家」（Rattenfängerhaus）。

捕鼠人之家建於一六〇二到一六〇三年，是棟威悉文藝復興樣式（Weserrenaissance）的房子，在它的西側刻有傳述「孩童失蹤事件」的碑文。孩子們就是從這邊的東門離開。我們在這裡走進「禁止舞樂之路」，這條路往右彎曲，直到靠近橋門一帶，放眼望去盡是貧窮狹小的住宅。後面會提到的范恩理論，正是從這個地區居民的貧窮來推演其立論依據。就這樣，我們繞了這個小城鎮一圈，再次回到出發點，也大略看過了和這起傳說重要

哈梅恩街景——婚禮之家、廣場教堂和捕鼠人之家並列在奧斯塔街。

捕鼠人之家與禁止舞樂之路（1900 年以前）

史料相關的場所。

賽德蒙德之戰及其傳說解釋

讓我們再把目光放回十二、十三世紀的哈梅恩。要在既存權力的夾縫中建立一座城市並維持運作，並不是件容易的事。艾菲斯坦家族夾在霍恩史陶芬家族的紅鬍子腓特烈與威爾芬家族的獅子亨利希的鬥爭間，選擇了依附前者，並在亨利希失勢後成功建城。當建設漸上軌道後，伴隨著商業復甦，這座城市也藉地利之便萌生了強大的經濟力；但在逐漸成為小邦國之前，這個小領主艾菲斯坦家族，還得面對好幾道擋在前方的巨大高牆。

儘管哈梅恩分院最早是富爾達修道院的外派機構，但距離實在太遠，因此富爾達修道院在哈梅恩周邊的土地統治，都轉變成了當地農民、市民、貴族所擔負的繳租納貢義務。哈梅恩分院院長是自己遴選，從原本擔任哈梅恩守護一職、保護富爾達修道院利益的艾菲斯坦家族選出，因此富爾達修道院實質上對哈梅恩已是鞭長莫及。儘管一二五九年富爾達修道院還稱哈梅恩為「我等城市」，但在一二五六年守護就已明言，不會特地把應當徵收

威爾芬家族的家徽

的貢租上繳給富爾達。另一方面，在一二七七年，哈梅恩市的教會也從分院院長手上接過了實質的高權／自治權。因此到了十三世紀下半葉，富爾達等於已經實際失去了哈梅恩。

與之相反，艾菲斯坦家族在一二三〇至一二六〇年間於哈梅恩行使的權力，已相當於一個小邦國的君主（Landsherr）。當然不只哈梅恩，艾菲斯坦家族還奪下了波勒（Polle）、于爾岑（Uelzen）、埃默塔爾（Emmerthal）、格洪德（Grohnde）等城鎮，和也不斷和鄰近的洪堡家族、施皮格爾貝格家族（參照後述的杜柏廷說法）等相互鬥爭。

可這時，一股這些小領主全然無法相比的龐大勢力，開始威脅哈梅恩。原來在獅子亨利希失勢後，勢力範圍退至布勞恩史懷克—呂訥堡（Braunschweig-Lüneburg，自一二三五年後稱為布勞恩史懷克—呂訥堡公國）的威爾芬家族一時偃旗息鼓，但現在重新展開攻勢收復失土。威爾芬家族首先奪回漢諾威的統治權，在一二〇〇年左右又將目標對準了威悉河沿岸諸城鎮，哈梅恩的艾菲斯坦家族因此成為他們發展的障礙。一直近代為止，威爾芬家族的入侵決都是定哈梅恩市命運最為重要的事件。不久後，對哈梅恩虎視眈眈的威爾芬家族，終於等到了一個絕佳的機會。

一二五九年二月十三日，富爾達修道院將再繼續持有也無實質意義的哈梅恩市權，以銀幣五百馬克的價格賣給了明登主教區，並明訂契約。如同前述，哈梅恩市位於明登主教區的管轄範圍，明登主教也在教義與儀式上對哈梅恩擁有管理權。然而在十二、三世紀邦國統治體制確立的過程中，各地林立的主教區並不只是為了推動教會屬靈任務，而是逐漸形成一種世俗的領地主權（Landesherrschaft）；因此，明登主教不單把哈梅恩看成屬靈的控制範圍，還是實質的土地支配對象。透過合併哈梅恩，明登主教也可以讓自己的領地更趨統一。

同年六月二十三日，富爾達修道院長向科隆大主教報告這項買賣契約，並請求大主教就這些特權進行新的封賜。七月二日，科隆大主教發出信函，要求艾菲斯坦家族與哈梅恩市承認明登主教為新的封建領主。對他們而言，整起事件堪稱晴天霹靂；畢竟對方事前完全沒和他們商量，只是單方面告知結果要他們接受，因此怎麼看都只能拒絕了。

接下來大約一年間，關於這起事件的史料完全沒有留下來，但一二六〇年九月十三日，威爾芬家族的阿爾布雷希特及弟弟約翰尼斯・馮・布勞恩史懷克突然登場，對明登主教宣稱自己已獲封哈梅恩市的一半權利。在這一年間究竟發生了什麼事？雖然同時代的史料並未傳述，但根據十四、十五世紀的《布勞恩史懷克編年史》，我們發現就是在這段期間，發生了據稱是我們所追尋、有關「一百三十名孩童失蹤」原因的事件。

根據記載，一二六〇年七月二十八日（潘塔雷歐尼之日），明登主教對不認同轉賣的哈梅恩市及其守護宣戰，並在賽德蒙德村附近與市民軍發生了激戰。這場戰役市民軍幾近全軍覆沒，遭俘虜的市民被送往明登，許多人慘遭殺害。主教以釋放俘虜為條件要求哈梅恩投降，哈梅恩則請求休戰；在這段期間，城市向威爾芬家族的布勞恩史懷克公爵求救，於是就有了前述的一半權利宣稱。可是再怎麼想，艾菲斯坦家族都不太可能去請威爾芬家族救援，因此這本編年史有可能只是為了合理化威爾芬家族對哈梅恩的支配才這樣寫，其解釋未必足以盡信。據撰寫《哈梅恩市史》（*Geschichte der Stadt Hameln*）的亨利希・施帕

為了紀念第一次世界大戰的戰死者，裝飾在婚禮之家的「賽德蒙德之戰」紀念碑。從這場戰役中，產生了吹笛手傳說。

努（Heinrich Spanuth）所言，市民和守護都已經預料到主教可能採取行動；畢竟富爾達修道院已無力執行買賣契約，那麼明登主教就只有仰仗自己的武力，來實現這份契約了。

主教軍從東側逼近哈梅恩市，市民則為了避免市區成為戰場而主動迎擊。這時，哈梅恩的**年輕人**穿過東門，朝著巴斯貝爾格（古時候稱為Koppen（!!））與杜特之間，通往達斯塔森林的方向出擊；兩軍在路上的廢村賽德蒙德展開激戰，而市民軍就像後來傳說所述一般，遭到毀滅性的敗北。當時為了守護城市自由而付出的鮮血與犧牲有多大、多麼不幸，從幾百年後教會在克里普塔·羅馬納（Crypta romana）舉行的紀念安魂彌撒中，尚能窺知一二；就算是再猛烈的疫病或大量死亡，都不可能造成這樣的損失。

就這樣，施帕努在一九四〇年撰寫《哈梅恩市史》的時候，把這起事件解釋成「一百三十名孩童失蹤」的起點；至於吹笛手則如圖像所示，是這群年輕人前方的「喇叭手」。

一七三四年的海倫堡、一七四一年的雷卡，以及《哈梅恩市文件集》編纂者麥納道斯，都支持這種解釋；它在日後的將近兩百年間不只是最有力、最通行的說法，同時也獲得了哈梅恩市政當局的支持。就像前頁圖像所示，哈梅恩市為了紀念第一次世界大戰中戰死的市府職員，雕刻了賽德蒙德之戰畫像，並將它裝飾在婚禮之家的牆上。

「哈梅恩的吹笛手與一百三十名孩童失蹤」的傳說，就這樣以城鎮傳說之姿，被定位為「為了祖國而戰死」、具有象徵意義的存在。如同後來斯帕努描述的，後世將賽德蒙德之戰的殉亡視為失蹤的原因，有很大程度是因日後一八一三至一八一五年間的「德意志解放戰爭」（Deutsche Befreiungskriege）；係因在此種論點出現之後的後續近兩百年，正是德意志民族為了祖國解放與民族統一而全力奮戰的時代。[4]可是這場爆發於一二六〇年的賽德蒙德之戰和一二八四年「孩童的失蹤」，兩者大約有二十餘年的落差；不只如此，這場戰爭在十四、十五世紀的編年史內有明確記載，卻沒有任何證據顯示它與「吹笛手」或

「捕鼠人」傳說合流。儘管如此主張的人完全沒能提出任何可信的證據，但在那樣的時代背景下，一般人也都認可並理解了這樣的說法。

然而提出這番說法的人們，畢竟是從具體的歷史事實當中找尋解釋「傳說」的線索，所以姑且不管結論，他們確實開拓了一條和前人相異、研究傳說的正確之道。

賽德蒙德之戰之所以在十八、十九世紀被視為「孩童失蹤」傳說的主因，是因為這場戰鬥所造就的種種記憶，在哈梅恩市的歷史擁有決定性的分量，甚至一直影響到後代。以這起事件為契機，哈梅恩市直至十九世紀為止，都只能處在威爾芬家族的控制下，以一個受統領城市的姿態存續著。

根據一二六〇年九月十三日的條約，明登主教將哈梅恩市一半的收入與采邑，委讓給布勞恩史懷克—呂訥堡公爵；至於艾菲斯坦家族，則完全沒被提及。一二六五年十月九日的條約明定了明登主教、守護、城市三者的權利，哈梅恩市承認主教為該市一半的封建領主；做為代價，哈梅恩市由明登主教持有的領地，都擁有免除關稅的特權，這對哈梅恩市的商業發展相當重要。就這樣，明登主教與哈梅恩市為了對抗布勞恩史懷克公爵而攜手合作；但在這種錯綜複雜的權力角逐中笑到最後的勝利者，不用說，還是威爾芬家族的布勞恩史懷克公爵。

一二七七年，艾菲斯坦家族被迫將長年壟斷的哈梅恩守護一職賣給威爾芬家族的阿爾布雷希特，同時也將自己的根據地埃默塔爾城讓給威爾芬家族，霍爾茨明登的城堡和城市則給了利珀家族。過去握有很大實力的艾菲斯坦家族，自此走上衰退之路；至於明登主教的控制，在威爾芬家族的龐大力量面前，也只能淪為一段不足掛齒的過場插曲。

一二七七年十月二十八日，布勞恩史懷克公爵阿爾布雷希特在居城埃因貝克，承認哈梅恩市擁有後述的各項特權。哈梅恩雖然被收編為威爾芬家族領下的一座城市，卻得到了特權認可，做為交換代價。

有了這份特許證，哈梅恩頭一次擁有自己的城市法；透過它，我們可以從法制面一窺十三世紀下半葉哈梅恩市的情況。

「城市的空氣使人自由」？

相信很多人都聽過「城市的空氣使人自由」（Stadt Luft macht frei）這句德語俗諺吧。中古城市的衛生狀況很糟，不管哪個城市，幾乎都沒有人能住得過三代。正因這個緣故，中古城市要存活下來，就必須仰賴流入人口，也就是引進從農村外流的流浪農奴；這句俗諺講的就是這個。一二七七年，哈梅恩頭一遭把這句俗諺以城市法的方式明文規定下來；他們的規定是，「只要在城市內停留一年又六週，就算自由之身。」

城市的自由，不只是指這些流入的人們得以從過去的農村領主手中得到人格自由，同時也意味著他們在城市內的各種生活得以不受邦國君主的恣意控制。布勞恩史懷克公爵在給予哈梅恩的特許證中就約定，他不會在市內築城；除了四十塔蘭同（talentum）的自發性租稅以外，也不會再課任何租稅。邦國君主大部分都是透過他的代理人——守護來依法施行其權限，但城市也爭取到許多讓步。關於市民間的侮辱、買賣或宣誓放棄復仇等事務，都由市議會的執事（Büttel）負責裁決。迄今為止做為守護的下層組織，在市內行使偌大權限的代理長官（Schultheiß）也從分院移至城市轄下，同時還新設了市長一職。住在城市內的騎士、隨從都必須服膺城市法；不只如此，手工業者的公會也獲得承認，其組織（Amt）從屬於市議會之下。對城市經濟至關重要的關稅、漁權都得到認可，但可想而知，特許證裡不會提及任何有關貨幣鑄造權的事項。

這份特許證成為歷來哈梅恩市的法制基礎，直到四百年後，該市都還把這張特許證雕刻在木板上，高掛市政廳。光看特許證的內容，我們大概會認為哈梅恩已經在一二七七年首度整飭了「城市」的法制，而成為一座道地的城市——從法制史研究的角度來看，必定會得出這樣的結論。

可是，要調查此時的哈梅恩市情況，一向都不是只透過這種表面徵兆就足以斷定。我們必須理解當時的人們過著怎樣的生活，對於政治和社會又感到怎樣的困擾；為了處理這些極端困難的問題，我們有必要先縱觀整座城市的發展。基於此種關懷視野，我們必須認清：透過特許證，也就是城市法的整飭，城市生活規範逐漸固定下來，但這其實也代表了一般人民長久以來的生活多樣性變得狹隘，他們的生活被侷限在一定的框架中。

十二、十三世紀的歐洲，到處都可以看到城市興起，市民充滿活力、生產力蒸蒸日上，呈現出一副「開放世界」的面貌；可是到了十三世紀末，隨著各邦國的形成，這種庶民生命力遂被由上而下地「定於一尊」。然而，我們往往會被法制和社會制度的整飭、乃至於城市氣派的城牆與堅固的建築這些肉眼可見的現實所迷惑。

就這樣，在表面的繁榮背後，是眾多的庶民在痛苦呻吟。要深入探索這些庶民的悲苦與怨嘆，是項極度艱難的任務；但為了更加趨近它，我們還是必須來審視哈梅恩的經濟，以及其中群眾團體的種種狀況。故此，為了釐清呂訥堡手抄本裡的第二個關鍵點——孩子們的問題，我們就來看看這個城鎮的經濟與群眾團體吧。

哈梅恩的居民

呂訥堡手抄本裡登場的人物，除了吹笛手之外，還有一百三十名孩童與他們的母親（包含路得的母親），以及將這個故事傳述給抄寫者的哈梅恩居民。為了趨近這些人，我們得先從一般的市民階級開始。

在我們日本，每當提到歐洲城市的「市民」一詞時，往往是不明究裡、隨意地套用。「市民」是什麼？這絕不是一個可以跨越時代回答的問題。硬要說的話，「市民」這個詞彙其實是一種歷史性概念，必須從各個不同案例中探究其內涵，方能正確使用。不只如此，居住在城牆內的人們，也不盡然都是「市民」。

一般所謂的市民，基本條件是必須在城市內擁有一定財產（主要是房屋）的自由人。雖然這些人形成了城市共同體，但他們與城市居民並不能等同視之。城市共同體內包含了無市民權的下層民眾，兩者一邊維持著一定程度的緊張關係，一邊建立起整個共同體。

那麼，哈梅恩市的情況又是如何呢？當然，它也沒有例外；就像前面提到的，哈梅恩在城市計畫展開之前，原本是威悉河沿岸隸屬鮑尼法斯分院的農奴村莊，而且如第六十四頁地圖所示，哈梅恩市其實也把這些村莊圍進了城牆當中。然而，這些農奴後來被排除在市民團體之外。他們不被允許擁有市民權，而仍屬於分院領民（liten）。市民不僅擁有財產和市民權，也必須承擔繳稅、警備與防衛等義務，當中的有力人士還必須在不支薪的情況下義務擔任城市與同業公會（zunft）的行政職位；因此，貧民是被排除在外的。一三一四年二月二十五日，經過分院院長魏德金・馮・歐森與市議會協議，哈梅恩的這些領民首次得以擁有和市民同等的地位。

因此我們可以發現，一二七七年特許證中所謂「在城市內停留一年又六週就算自由之身」的法律規定，至少對古早時代就住在哈梅恩市內、代代相傳的農奴和領民來說，是不適用的。畢竟，「城市的空氣使人自由」，是為了確保城市不斷有人口流入而創造出來的宣傳用語，那麼已經住在市內的人當然不適用了。看多了這些事，回顧我們自己身邊，其實也會出乎意料地發現十分類似的情況。

不管怎麼說，直到一三一四年為止，在城牆內的同一座城市，實際上存在著形形色色的階級差異；許多居民定居其間，各階級間也有流動，因此儘管有所侷限，這座城市還是充滿了活力。社會的最底層是隸屬分院的領民、代理長官廳舍擔任家僕的領民、住在富爾達修道院舊固定市集的商人和手工業者，再上去一層則是隨著艾菲斯坦家族建設城市、從周邊農村流入的移居者與新的城市居民。每一個階級都依循自己的身分，有自己的一套法規，在市內的地位也各有不同。

首先來看看隸屬分院的領民村落。如前所述，鮑尼法斯分院在十四世紀初期，仍然以莊園領主的身分，在哈梅恩市內持有十座莊園以及什一稅館，另外在市外還有五十六處莊園。市內莊園於十二世紀分院參議會與院長職權分道揚鑣之際，領民的賦役與佃租交由前者掌管，院長則為莊園的司法兼土地領主。實際負責司法審判的是代理長官，每年召開七次法庭；可是，這個法庭負責的只有罰金六芬尼*以下的地方相關雜事，刑事案件則全部交由分院守護主持的法院負責裁決。

當然，這些農奴的生活毫無自由可言。不管是一個家庭迎接孩子成人的結婚喜慶，還是所有人都必須孤獨步上的最後一程，都必須向分院院長繳納稅金；被土地緊緊束縛，就是決定性的不自由象徵。就算想逃往城市成為市民，沒有院長的許可，也不可能如願以償。

這種不自由的農奴和市內享有完全權利的市民不同，被稱為教會農奴（camerlingi ecclesiae）。雖然依據一三一四年的法令，教會農奴已經澈底消失，可即使他們獲得解放，還是得每年向院長繳納十六磅銀幣，做為結婚典禮與臨終稅金的補償。這就是所謂中世紀城市農奴解放的真實情況。而同一年，代理長官廳舍的家僕也同樣得以成為市民。

接下來，讓我們將目光投向商人與手工業者階級。和前述的農奴不同，商人和手工業者都有市民權，但兩者的市民權卻不等質。手工業者自古以來就在分院的固定市集過著兼營農業的生活，並在莊園法的約束下組成公會，是一種人格自由受限的「市民」；而且在十三世紀的哈梅恩，大概只有麵包店、肉店、紡織工等幾種公會而已。相對於此，商人階級則是一開始就擁有人格自由。他們在艾菲斯坦家族建設哈梅恩市時被招聘，成了所謂「具備完整權利的市民」。這些商人階級過著富裕的生活，享有包含經營大規模商業活動權利在內、稱為「大福利」的市民權；至於只擁有一般城市零售業權利的小商人階級，其市民權則被稱為「小福利」。

根據當時（一三五三年）的法典規定，小商人階級允許零售油脂、奶油、培根、起司、葡萄乾、無花果、蜜、蠟、醃魚或燻魚等日常生活用品，大商人階級則允許販賣其他一切商品。大商人經手的商品多半以紡織品（包含羊毛、亞麻、絲綢等一切材料製成的產品）、金屬、來自南方的果實與香料、培根、牛油、油、瀝青、鐵製品等為主。令人訝異的是，這種社會差異的市民權一直持續到十九世紀。

＊德國貨幣單位，一百芬尼等於一馬克。

中世紀的商人

事實上，市民幾乎都是來自於周邊農村，也就是哈梅恩的古老村社共同體（Markgenossenschaft）。村社與五座市門對應，包括新門（Neues Tor，以前是迪奧門 Thietor）、西門（Wettor）、東門、磨坊門（Mühlentor）及橋門，各自擁有劃分出來的牧地（hude）；因此，市門前的牧地殘留了許多居民進入市內後的廢村。直到十九世紀，這些村社都還享有牧地和耕地的使用權；

在一八五〇年代左右，每天早上還可以看見牧羊人按照古代市議會規則，帶著羊群前往各牧地放牧的光景。就算到了今天，當我們前往呂訥堡等充滿古老風情的城鎮時，還是能夠聞到一股明顯的家畜味。伴隨著這股家畜味的古老身分意識，就這樣一直殘存到十九世紀中葉。

除了以上的階級外，當然還有隨著城市建設流入的騎士階級，以及他們的隨從階級。這些階級儘管各自有著身分差異與矛盾，但到了十三世紀末，所有市民大致上已經能共同朝著城市建設的方向努力，並對抗共同的敵人。當市民推動城市建設時，對抗的基本上是過去的城市領主，以哈梅恩來說就是分院。接下來，我們就來看看在市民的努力興設與分院的執拗抵抗之間，這些階級處於怎樣的情況。

解放與自治的實情

分院院長原本是位在分院旁邊舊固定市集的所有者，但後來在艾菲斯坦家族建設城市時出讓了所有權；做為代價（包含將舊市場權讓給新城市在內），分院獲得了新市場的警

中世紀的手工業者

察權，並派遣代理長官行使這項權利。代理長官每年召開三次市民大會（colloquium），處理關於市場、產業、警察等一切問題；如有不服從決議者，會被課以六芬尼的罰金。這種代理長官對產業的管轄權，可以追溯到以前分院對底下從屬的手工業公會行使莊園法管制權的時代。

在當時的哈梅恩，加入麵包店、肉店、紡織工等同業公會的人，每年得繳納十八先令的費用；其中三分之一交給公會，其他的則成為代理長官的收入。除此之外，要加入肉店公會的新成員，還需繳交山羊皮給代理長官。代理長官每年召集各公會，舉行三次稱為「晨會」（Morgensprache）的公會大會，並討論新入會員、死亡、結婚、規章等事項。在這裡易課的罰金，也全都會交到代理長官手上。從這裡我們也可看出在莊園法拘束下，不自由的公會樣貌。

可是，代理長官對商人階級就沒有這麼大的權限了。代理長官有權和市議會共同管控葡萄酒的交易。哈梅恩每年會召開四次大市集（分別是一月十八日的聖保羅教座紀念祭、六月五日的聖鮑尼法斯祭、九月二十九日的聖米迦勒祭，以及十二月六日的教會獻堂祭）；大市集在市政廳內部及周邊舉行，在這裡開店的人只需向代理長官繳納些許貢賦。貢賦的額度依運來的商品數量而有所不同，區別的方式是以用小車、馬背或是稱為「kiepe」的背簍搬運為標準。不只如此，代理長官也要監控民生物資的買賣，若有不當的價格操控，得課以三先令的罰金；罰金的三分之一收歸所有，剩下的則納入城市金庫。不過，代理長官對於每周召開的市集，則沒有什麼權限。

不用說，市民當然想打破這種代理長官的陳舊支配體制，因此他們卯足全力，想買下這種阻礙城市自由的權限。他們的努力透過一二七七年的特許證得以開花結果；一三二七年更取得最終勝利，將代理長官的權限拿到手。就這樣，將舊時城市領主權限的殘渣一掃而空的城市，得開始自己管理市內的行政；而跟其他城市一樣，在哈梅恩執行這項權力的，是所謂的市議會。

哈梅恩首次出現市議會的紀錄是在一二三五年，但從很早以前開始，市議會就以代理長官為首席的方式在運作。一二七七年城市買下了代理長官的權限後，設立了市議長（Landmeister），到了十四世紀又演變為市長（Bürgermeister）。市長在每年一月六日的主顯節選出，二十四名市議員（Schöffen）則分成兩個部分：其中一半的資深市議員在主顯節與聖神降臨節輪替，另一半則是常任市議員。值得注意的是，一開始所有的市民都具備擔任市議員的資格，手工業者也不例外；一二三五至一二四六年間有一名屠夫擔任市議員，一二三七年則有一名鐵匠入會。

但到了十三世紀下半葉，市議會已經被大商人階級（城市貴族）壟斷。他們從市民中脫穎而出，形成一個特別的社會群體；即使是同業公會內的爭鬥，他們也享有自己的審判權。起初得以參加市議會的手工業者階級，在十三世紀後期也被排除出去，從而確立了富者／豪族的城市統治體制。換言之，一二七七年城市法的確立與市制的整飭，這等法制史的演變，背後隱藏的其實是社會差距日益擴大。翻閱城市興建的史料集，在講到哈梅恩時，一定會提及它在一二七七年獲得特許證這件史實。然而，這樣一個整飭市制的過程，其實也是一個原先形形色色階級出身的人們在分院的緊縛控制下，以市議會成員身分共同奮鬥、充滿活力的社會，逐漸僵硬化、桎梏化的過程。

「一百三十名孩童失蹤」事件發生的一二八四年，哈梅恩市基本上就處於這樣的情況。那麼，據信是呂訥堡手抄本成書的一四三〇至一四五〇年，又是怎樣的一個時代呢？在這裡，我必須指出一件和以上論點相互關連的事實。

和其他城市一樣，十四世紀末的哈梅恩，隨著手工業者及其公會逐漸富裕、力量逐漸增強，他們與掌控市政的豪族展開了鬥爭，並再次將公會代表送進市議會。當然，事情的經過並沒有那麼簡單。一四〇〇年左右，豪族勢力曾經捲土重來，當時手工業者喪失了四個席位，而豪族化的大商人階級也得以重新控制城市。然而這次的控制並不長久，一四一九至一四二〇年，手工業公會發起了革命，再次擊垮了大商人階級的統治。就這樣，大商人在一四三八年不得不宣布放棄其壟斷地位的象徵——同業公會內部的獨立審判權（Hansegraf）。

一四二〇年以後，市議會總計有四十名成員，常任和資深市議員各自有十八位手工業代表加入。以此時為頂點，哈梅恩市在之後好一段時間裡，都沒有發生重大的社會爭端，社會秩序逐漸趨於安定。

呂訥堡手抄本的作者聽到的「孩童失蹤傳說」，就是身處於這種社會情況之中的庶民談論、口耳相傳下來的版本。當社會對立以某種形態安定下來時，人們會想起過去對立抗爭的犧牲者，並以宛若鎮魂的方式提及他們，這種情形其實一點都不意外。

審定註

② Hugenotten，依法文發音則譯為于格諾教徒（Huguenot），意為「結盟者」。他們是在十六世紀中期以後，陸續皈依基督新教喀爾文宗的法蘭西信眾，主要信眾集中於法蘭西南部的貴族及富裕的市民階級，人口比例約占全國的一五％。然而全境占有八五％人口總數的舊教（天主教）勢力，無法容忍于格諾教徒勢力日益增長，雙方終於爆發激烈衝突，揭開了歷時數十載的法蘭西宗教內戰的序幕。甚至後來在法蘭西瓦洛瓦王室授意下而發生了一五七二年的「聖巴托羅繆日大屠殺」，成千上萬的于格諾教徒橫遭殺害，于格諾信徒隨即展開報復，遂演變成為法國內部長期的宗教內戰，史稱「于格諾戰爭」，其後更進一步衍生成涉及法蘭西王位之爭的「三亨利之戰」。最後于格諾信徒的領袖那瓦爾的亨利獲得宗教內戰的勝利，為了順利入主巴黎及取得法王之位，他被迫皈依舊教，並順利於一五九四年入主法王之位，是為亨利四世，隨即頒布「南特敕令」給予于格諾信徒一定程度的宗教寬容。

然而一六一〇年，亨利四世遇刺後，舊教對新教的打壓再起，于格諾信徒在法蘭西的處境日艱，到了路易十四在一六六一年親政之後，基於「一個國王、一套法律、一種信仰」的絕對專制王權的不容挑戰性，作出全境信仰一致化的決定。一六八五年，路易十四撤銷了南特敕令，正式頒布「楓丹白露敕令」，迫令于格諾教徒在改皈舊教及驅離出境兩選擇作出決定，大批不願皈依舊教的于格諾信徒於是展開了全歐大流亡的行動，總計超過二十萬以上的于格諾信徒流亡到英格蘭、尼德蘭、瑞士，以及包括勃蘭登堡－普魯士、黑森及漢諾威等在內的德意志各邦國之中。

③ 法蘭克王國卡洛林王朝在八四三年三分為東法蘭克、中法蘭克及西法蘭克王國三部分，卡洛林家族仍在後續一段時期掌控三國王位。時至九一一年東法蘭克王國卡洛林家族斷嗣，為了因應當時馬札爾人對德意志全境持續不斷的侵擾，德意志四大部族公國：薩克森公國（Herzogtum Sachsen）、法蘭克公國（Herzogtum Franken）、拜恩／巴伐利亞公國（Herzogtum Bayern）及徐瓦本公國（Herzogtum Schwaben）必須合組聯合抗敵力量，遂有德意志王國的出現。九一九年，薩克森公國的亨利希一世被選為德意志國王，正式開啟了德意志歷史上的第一個王朝：「薩克森王朝」（Dynastie Sachsen, 919-1024），至九三六年亨利希一世之子鄂圖一世接掌王位，其後在九五五年的列希菲德一役大破馬札爾人，將薩克森王朝推向極盛之期，遂有九六二年的羅馬教宗為其加冕為羅馬人皇帝的事蹟，是為神聖羅馬帝國之始，亦是德意志歷史上的第一帝國時期。

帝國轄區最初計有四大王國：德意志王國、義大利王國、布根地王國及日後加入的波希米亞王國，其中尤以德意志王國最重要，帝國統治者必須先取得德王之位，才能尋求加冕為德皇之機，然而並非每位獲選為德王的帝國統治者都能加冕為帝，加冕與否，端賴自身實力而定。例如第一次哈布斯堡王朝（Dynastie Habsburg, 1273-1308）入主德皇室中央之時，魯道夫一世及其子阿爾布雷希特一世就僅只是德意志國王，並未加冕為德意志皇帝。時至十五世紀後期的第二次「哈布斯堡王朝」（1438-1806）時期，義大利及布根地脫幅而去，帝國版圖僅餘德意志王國及波希米亞王國，自此一直延續至一八〇六年帝國結束為止。

④在一一二五年德意志第一帝國「薩利爾王朝」（Dynastie Salier, 1024-1125）告終之後，德境政壇上的最大兩股勢力：霍恩史陶芬家族（Haus Hohenstaufen，Hohen為尊貴、高貴之意）及威爾芬家族（Haus Welfen）爭奪德王之位，原本威爾芬家族的「驕傲者」亨利希實力最為強大，殊未料帝國各大諸侯懼其當選後轉而壓迫之，遂選出史陶芬家族的康拉德三世為德王，開「霍恩史陶芬王朝」（Dynastie Hohenstaufen, 1138-1254）之始，致引爆兩大家族的惡鬥，後來驕傲者亨利希終遭擊敗，包括薩克森及拜恩／巴伐利亞公國在內的領地全遭沒收。

兩大家族之爭後來透過聯姻而和解，因此接續康拉德三世而登基的腓特烈一世（「紅鬍子」腓特烈）及其表弟，即「驕傲者」亨利希之子「獅子」亨利希關係友好緊密，早期「獅子」亨利希甚至傾全力支持腓特烈一世四出征戰，因而腓特烈一世乃將薩克森及拜恩公國之領地還給「獅子」亨利希。然而隨著「獅子」亨利希實力日漸坐大之後，漸有取代其表兄腓特烈一世之野心，他趁著腓特烈一世用兵於義大利之際，大舉橫越易北河而東，奪取了梅克倫堡及部分的霍爾斯坦之地，使其薩克森公國成了橫跨易北河兩側的強權，甚至當後來一一七六年腓特烈一世的義大利戰役不利而向其求援時，他趁機索求涉及皇室財政命脈所繫的哈次山地銀脈採礦權，致令腓特烈一世心生忌憚之心，決心下手翦除之。在腓特烈一世命其下屬親信數度對薩克森公國發動攻擊並不斷削弱其實力之後，終在一一八〇年的根豪森（Gelnhausen）帝國議會上，腓特烈一世罷黜了「獅子」亨利希的薩克森公爵之位及剝奪了其主要領地，而「獅子」亨利希則在兩度遭到流放之後，最後在一一九四年回到他僅餘的領地布勞恩史懷克—呂訥堡，隔年旋即逝世。

⑤在德意志的歷史進程中，從未有一個政治單位像薩克森公國般，呈現一種疆域不斷轉移變化的情形，這實與薩克森公國的統治王朝家族不斷變化佚有關聯。最初薩克森公國的領域係位於易北河下游左岸至出海口之地，這是原本薩克森部族及其所建立的部族公國所在地，德意志史上的第一個王朝薩克森王朝就是以此為根據地而入主德王室及皇室中央。其後到了霍恩史陶芬王朝時期，薩克森公國在獅子亨利希的統治下，疆域急遽地向易北河以東（易北河右岸）擴大，成為橫跨易北河下游兩岸的強大領主諸侯邦國。

然而一一八〇年，獅子亨利希遭德皇紅鬍子腓特烈一世所罷黜之後，其領域全遭分割，原薩克森公國核心所在的易北河左岸之地裂解成為零碎的封建諸小邦，並自此之後失去薩克森之稱謂。至於薩克森公國之名連同薩克森公爵之頭銜，則僅限於先前獅子亨利希在易北河右岸所征服拓殖的薩克森—維騰貝格（Sachsen-Wittenberg），在亨利希失勢之後，薩克森公國及公爵之名先為勃蘭登堡邊區伯國的統治者阿斯坎尼亞家族（Haus Askanier）所有，其後因阿斯坎尼亞家族的維騰貝格支系在一四二二年斷嗣之故，因而後來德皇遂將薩克森—維騰貝格公國給予了麥森邊區伯國的統治者威廷家族（Haus Wettin），自是而後，麥森邊區伯國威廷家族中人就以薩克森公國稱呼自身國度，直迄一戰結束後德意志所有的統治王朝家族被廢黜為止。薩克森之名也就因歷史上的統治王朝家族不斷更易下，由最早的易北河下游逐漸轉移至易北河中游地區。因此，在中古高峰期以前所稱的薩克森（其地在今日的下薩克森），與中古晚期以後所稱的薩克森（其地在今日的上薩克森），是截然不同的兩塊區域。

今日德意志聯邦共和國組成的十六個邦之中，有三個邦皆是以薩克森為名，分別是薩克森（上薩克森）邦、薩克森—安哈特邦，以及下薩克森邦，可充分看出薩克森領域在歷史上的轉移與變化。

⑥一八〇五至一八〇六年間，拿破崙大軍先後擊潰了德意志雙強——奧地利及普魯士之後，從而在一八〇六年占領了德意志全境。拿破崙為了推動壓英制俄、征服全歐的總政治目標，因而在其全歐占領區行橫徵暴斂之舉，並全面禁絕與英貿易往來，是為「大陸封鎖禁令」（Kontinentalsperre），其中德意志全境受禍尤慘。在這段從一八〇六至一八一三年的七年法蘭西「外來統治」（Fremdherrschaft）德意志之期，苛捐重稅壓榨下，終而激發了廣大德意志人民對外來統治者的強烈反感，並迅速刺激了集體德意志民族情感之凝聚，導致德意志民族主義聲勢急劇昂揚勃興，從而趁著一八一二年拿破崙征俄失利之後，在一八一三至一八一五年間的「德意志解放戰爭」（Deutsche Befreiungskriege）中，薈集全德意志民族的強烈反法情緒而擊潰法蘭西占領軍，光復了德意志全境。在此種時代背景下，這也是為什麼自十九世紀初期以來的德意志各界、包括哈梅恩市政當局在內，會全面採納近兩百年前海倫堡、雷卡及麥納道斯等人所秉持的論點，將哈梅恩失踪的兒童詮釋為賽德蒙德之戰的犧牲者之所由。

第三章　東向移民者的期望與現實

東向移民者的心態

讓我們暫且把目光離開哈梅恩市，轉而投向十二、十三世紀歐洲另一起值得注目的大事。

提到中世紀社會，大家腦海裡或許會立刻浮現古老的農村生活吧。在這裡，人們在某個村莊誕生、結婚、生子，然後葬在祖先身旁；這樣的日常生活即使過了幾百年，依然一成不變。確實，這是中世紀社會的基本特徵；但是，人類這種生物絕對無法持續過著單調卻幸福的生活。就算是乍看之下單調且充滿田園風味的農村生活，也會出現牛馬或家人生病，作物豐收或歉收等等讓人憂心困頓之事，因此即便是中古歐洲的農村，人們的生活也絕不單調。農耕是遠超乎城市人所能想像、極端忙碌的工作；而生活除了避不開的煩惱根源以外，還得不斷面對群眾團體的種種機制所引起的社會性瑣務。

祖先代代流傳下來的生活樣式與常規權利，也會不時受外在力量所制，而不得不做出改變。這時，人們就會被猶疑與不安所擄獲，過著徹夜難眠的日子。自古相傳的地租突然被提高，徭役的日數增加、物價飛漲……這些直接影響日常生活的諸般壓力，毫無疑問都會造成沉重的負擔。

然而，中世紀的農民就算面臨到這種事態變化與負擔增長，也不可能立刻拋下祖先留下的土地，賭上自己和子孫的生涯，前往從未見過的其他國度。畢竟，人愈是上了年紀，就愈無法忍受離開自己生長的城鎮、村莊、小溪和森林，宛若植物一般，只想在熟悉的土壤扎根過日子。

然而在十二、十三世紀，卻有大量人口從荷蘭、法蘭德爾（Vlaanderen/ Flanders）和德意志西部各地橫越易北河，遷往了新近被德意志領主諸侯們征服的德意志東部，甚至是斯拉夫及馬札爾君主治下的中東歐地區。許多農民被「經紀人」（Lokator）[7]所引誘，拋下世代相傳的村莊與城鎮，前往東部的新土地。雖然看似是平凡又不起眼的舉動，但這種大規模的人口遷徙，造成德意志人的分布領域向東擴大了三分之一，而這些遷徙的德意志人直至現在的捷克、波蘭、匈牙利甚至烏克蘭，都還留有他們的足跡。這項被稱為「中古時期德意志人東向移民拓殖運動」（Die Mittelalterliche Deutsche Ostsiedlung）的人口大遷徙史實，我們無暇在此詳加論述其原因（請參見筆者的另一部作品《德意志中古後期的世界》，未來社，一四八頁以後的部分），在此僅就迄今為止研究者的主張，亦即「這些移民者只是因為無法填飽肚子，才逃往新開拓的土地展開新生活，尋求苟延殘喘的可能性」一說，指出其沒能解決、仍然留有疑慮的部分。⑧

我們必須理解到，德意志西部的這種移民潮，和日本農村常見的「逃散」，在性質上頗為相異。首先，它的遷徙距離相當長；從德意志西部到東部，甚至到波蘭、捷克、匈牙利的道路，對只想填飽肚子的人來說實在太長太辛苦了。接下來會看到的哈梅恩至奧帕瓦（德語稱特羅保，Troppau）的道路，也長達六百公里。不只如此，就算平安抵達目的地，等著他們的也是一片未開拓的荒野。因此，移民者大多是頗有餘力的階級，而非只想填飽肚子的人群。他們是在充分的計畫下三五成群離開原居地，於東部的某處集合，並在數年免租期間的保證下攜手建設村莊或城鎮。對他們來說，能不能撐過第一個冬天是勝負關鍵，因此至少必須準備好度過頭一個冬天的資金。既然如此，這些無須擔心朝不保夕、食不果腹的人，為何要離開自己居住的村莊和城鎮？

原因大概跟長久以來涵蓋自己的日常生活、支撐著自己的世界產生了改變有關。人類不是只要有居處可住、有食物可吃就能存活下來的動物，重要的是這些事物與自然、客體與自我的關係，以及在這當中構築而成的「世界」。對中世紀的農民而言，這種關係的世界是依循傳統形塑而成、自古以來持續存在的美好事物。

可是在十二、十三世紀，歐洲邁入了動盪的時代。如前所述，各地宛若雨後春筍般冒出了許多城市；隨著商業的復甦，連村莊也開始受到遠距貿易重啟的影響。不只如此，新型態的領域控制體制慢慢將農村涵蓋其中，這種控制形式讓村莊傳統秩序產生了重大改變。祖先傳下來的領主被換掉，取而代之的是外來的新領主，村莊內的階級秩序也出現變化。當村民切切實實感受到這種變化時，許多人都覺得「這已經不是我的村莊了」；對不是農奴的自耕農而言，這種感受尤其強烈。當他們再也無法忍受，同時又被來自新興東部拓殖地區領主派出的經紀人所勸誘，約定給予他們優渥條件的良好土地時，他們便拋下了祖先的村莊，踏上旅程。

然而，祖先傳下的村莊並非就此棄之不顧。移民者將對故鄉的情懷塞在長統靴（Bundschuh）的內側，大步邁向東部；抵達東部後，他們在那裡重建了把自己生養長大的村莊。幾乎無一例外，這些新的村莊都依照過去原鄉的村莊命名，舊有的秩序也直接照搬到新的土地上。東向移民拓殖運動就是在這樣的心態下展開。

一百三十名哈梅恩孩童失蹤於一二八四年，這個時間幾乎和德人東向移民拓殖行動及農民移居運動的全盛期同一時間，因此可想而知，歷來有很多研究者都著眼在兩者間的關係，並試圖以此解開「孩童失蹤」之謎。這方面的嘗試首先於一九四三年由德國民俗學家馬汀．威勒（Martin Wähler）展開，一九四八年又有沃夫岡．范恩提出了細緻且充滿魅力的理論；一九五五年以降則有漢斯．杜柏廷透過系譜學戮力探究。這些學說統稱為「德人東向移民拓殖說」。接著就讓我們先從迄今為止涵蓋最全面的范恩理論看起。

目擊失蹤事件的路得之母

范恩的出發點也是呂訥堡手抄本，不過在推定手抄本的年代時，他採用了自己獨特的見解。就像前面所述，這篇故事載於一三七〇年逝世的赫爾弗特《金鎖》手抄本的最後一頁，而按照謄錄狀況，應該是在一四三〇年至一四五〇年左右寫成。然而寫下故事的人又說「我在一本古老書籍上讀到了這樣的故事」，因此范恩認為，手抄本的故事必定是來自某本古老的原典。就當時教會法所定義的「古老」（antiqua）概念來看，原典至少比抄寫時間早六十年以上，因此范恩推估應該是一三七〇至一三九〇年左右的作品。

范恩更進一步指出，把「各各他」（Kalvarie）當成審判場或刑場，這樣的稱呼法始自諾曼第的聖經學者尼古拉斯・利拉（Nicholas of Lyra）；他的著作《普遍的聖經注釋》（*postillae perpetuae*）在一三三〇年以後有很多人加以傳抄，一四七二年更成為德意志最早印刷的聖經注釋手冊，廣為普及。因此，這則傳說的原始文本再怎麼古老，完成時間也不會早於一三三〇年。

可是看看手抄本的拉丁文內容，它是這樣寫的：「ista repelli in uno antiquo libro」（我在一本古老的書籍上，讀到了這件事）。范恩認為這裡的「ista」（這個）指的是「這一整篇文章」，但也有可能只是指前面的一段文字，也就是「哈梅恩鎮的人們也從孩子失蹤之日開始，年復一年地數著歲月的流逝」這句話；若這樣想，這本古老原典幾乎就能肯定是前面提及的哈梅恩《多納之書》。因此，呂訥堡手抄本的作者並不一定是基於某本書而寫下這則故事；他也有相當大的可能，是從庶民間的口耳相傳聽來的。

當時的人們處理文件都是靠手寫，而且幾乎全都藏在修道院或市政廳的深處，一般人是無法過目的。因此，與其說呂訥堡手抄本的作者讀到了直至當時未曾被發掘、留有吹笛手傳說的某份紀錄，不如說他是基於當時一般庶民間的口述傳說寫成，這樣的可能性還比較大。然而，這其實不是什麼要緊的問題；畢竟若照范恩所推估，「原典」是於一三七〇至一三九〇年左右成書，那麼呂訥堡手抄本作者根據它來抄寫時，口頭流傳的傳說跟它應該沒有什麼內容上的差異。

比起這點，更大的問題是後面那句話「修道院長約翰尼斯．德．路得的母親，也曾目睹孩子們走出城鎮的模樣」。拜德意志的系譜學繁盛之賜，我們援引其成果，發現路得家自一二六七年開始於紀錄中登場，到一四〇五年消失；他們的家譜裡只有兩位「院長約翰尼斯」，分別是伯父（一三二四年逝世）和姪子（一三七八年逝世）。我們假設這兩位都活得夠久。范恩認為手抄本的「原典」是在一三七〇至一三九〇年左右寫成，這時還活著的只有姪子路得，而這位姪子的母親在一二八四年還是個小姑娘，很有可能親眼目睹了孩童的失蹤。因此，從寫作者很有可能認識院長路得這點來看，范恩的「原典成書於一三七〇至一三九〇年」說，似乎更有立論依據了。

然而，路得的母親是哈梅恩市議員基佐．波凱德（一二八二年—一二九四年在職）的女兒，而基佐與呂訥堡市長腓特烈．波凱德（一四三四年逝世）又是親戚關係，因此呂訥堡手抄本的作者也不太可能是在完全不知路得是誰的情況下寫就這篇故事。看樣子似乎踏進了一個相當複雜的領域；但身為外國人的我們對這個問題無從置喙，所以就談到這個地步吧。不管怎麼說，透過系譜學從旁佐證，我們可以發現手抄本記載的「路得之母目擊了孩童失蹤」一事很有可能是史實，因此這本手抄本的重要性又提升了。

那麼，范恩以手抄本為材料，做出的解釋又是什麼呢？

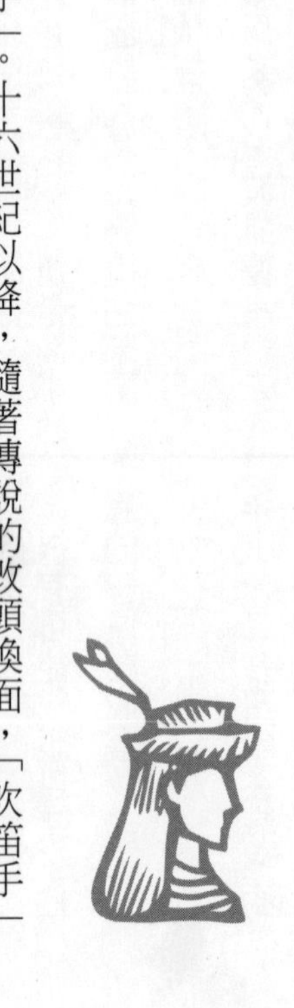

經紀人和集體結婚的背景

范恩理論的核心人物是「吹笛手」。十六世紀以降，隨著傳說的改頭換面，「吹笛手」被描寫成惡魔般的存在；事實上在中世紀，「吹笛手」身為巡遊藝人（spielleute），不被允許進入教堂，簡言之就是被整個社會歧視排斥，只有在慶典的日子才勉強被允許登場。「吹笛手」的服裝也相當襤褸，遠遠望去就能清楚分辨。儘管如此，在呂訥堡手抄本登場、吹著笛子帶走孩童的男子卻穿著極其高貴的服裝，所有人都驚嘆於他的華美。如果「吹笛手」像我們所敘述的，是個不被社會待見的人物，那他理應不可能被稱讚「華美」，更不可能穿著高貴的服裝。另一方面，當時的巡遊藝人都留著短髮，可是時人評價的「華美」，都是以一頭及肩長髮為前提。

再者，當時的社會規定各種身分所能穿著的服裝顏色不同；農民和大部分市民通常只被允許穿灰色的服裝，猶太人則只能穿黃色服裝。就算是貴族，十三世紀時也不會穿著紅、綠、青色的服裝。范恩認為，這位「吹笛手」的服裝必然是多色組成的條紋模樣，不應該是「穿著極為高貴的服裝」。因此，這個人應該和一般印象中的「吹笛手」截然不同，而是扮演著某種其他角色的人物。

不管怎麼說，若要問在一二八四年左右擁有此等地位的「吹笛手」到底是做什麼的，這個問題的答案只有一個，那就是「什麼也沒做」。他並沒有任何屬於自己的初始動機，只是幫助某些有力人士推行活動罷了。

那麼，當時的哈梅恩是否有能夠使喚「吹笛手」的有力人士？范恩認為，這些人就是低階貴族與城市富裕的市民階級中誕生出來的產業主——「法律上的經紀人」（de iure lokator）。換句話說，「吹笛手」是實際承攬移民事務的經紀人，他受「法律上的經紀人」的上司、也就是東部領土諸侯貴族的請託，透過個人魅力驅策年輕人，帶他們前往位在遙遠的匈牙利地區，由歐洛慕奇主教布魯諾・馮・尚布爾克（Bruno von Schauenburg, 1205-1281）所開發的貴族拓殖地。因此，吹笛手所扮演的角色，其實是諸侯貴族的使者和宣傳員。

就這樣，領主貴族與吹笛手建立了緊密關係，共同推動移民拓殖事業；在日後傳說形成的過程中，這兩者結合為一，才產生了史料所描寫的「吹笛手」在服裝、髮型乃至於扮演角色上的矛盾與雙重特質。

這兩者所推動的移民拓殖事業，於一二八四年六月二十六日、六十五對（一百三十名）青年男女在移民至東部前舉行的集體結婚儀式中達到了高潮。在中世紀，常常於教會曆的特定日子舉辦集體結婚；市民的結婚儀式通常會持續三天，在哈梅恩一般則是兩天。也就是說，從六月二十四日聖約翰祭這天開始的結婚儀式將持續至二十五日（星期日），接著在二十六日，也就是是聖約翰與保羅日集體動身，前往東部。

聖約翰祭是印度、日耳曼、亞利安部族點亮夏至燈火的節日，人們會在這一天加入公會、接納新市民、舉辦結婚典禮等等。在瑞典的好幾個峽谷，也把這一天當成是該年度所有新人的結婚紀念日。當哈梅恩的年輕人完成結婚儀式後，就穿過禁止舞樂之路，在「吹笛手」打頭陣下從東門走往山丘，在各各他一帶從父母的視野中消失，踏上前往遙遠外西凡尼亞的移民拓殖之旅。范恩於是認為，這只是當時隨處可見、移居東部的行動中規模稍大一點的罷了。

至於為何會有這種中世紀版的集體結婚、集體就職，范恩認為此般行動的背景是當時哈梅恩人口增加與土地不足，導致社會貧富差距加大。

哈梅恩市的範圍橫跨威悉河兩岸，面積大約為三千公頃。可是就算到了現在，當中也還有三分之一是森林，因此耕地必定不甚充裕。如前所述，該市在十三世紀下半葉開始規劃城市建設，並在一二五〇年左右擴張成幾近今日的最終型態。然而當地人口自十、十一世紀以來就不斷增加，一二七七年更加入了外來的移居者，一二八〇年左右起人口再度急遽流入城市。

養活這些人口的哈梅恩經濟，主要是依附農業、半農半商的形式在運作。城市建設以前，哈梅恩的耕地上約有四百戶家庭，但到了一二五〇年耕戶數已增加到七百至八百戶。相對於此，哈梅恩的總耕地（含耕地與菜園）面積為一千八百到一千九百公頃，剩下的是公有地。因此，每戶能分配到的土地只有一點五公頃不到。不只如此，農民與從事農耕的市民，實際上所擁有的土地只有小部分肥沃，大部分都是狹窄貧瘠，根本無法滿足所需。一二六〇年，哈梅恩曾認真討論是否能在既有的村社內建立新的村莊，由於可見他們對土地的確切需求；不過這項計畫最後也因為土地不足，而沒有實現。

也如前述，哈梅恩的商人與高利貸業者自成一個階級，他們持有哈梅恩周邊所有森林，以及砍伐低矮樹枝做成薪柴的權利。不只如此，他們還不斷收購哈梅恩周邊的土地，導致眾多喪失土地的農民被迫移入市內。

這些沒有市民權的居民，在市內的生活條件並不寬裕。從手工業及零售商的情況來看，手工業者在一二七七年只有麵包店、肉店、紡織工三個同業公會，要到十四世紀中葉以後才增加至二十個。此外，這時也開始出現市內農民及其子弟經營手工業與零售業，將土地委託奴僕耕作的情況。但在十三世紀末這個時期，哈梅恩並不存在足以抵銷人口膨脹的經濟活動。

在這樣的背景下，哈梅恩陷入了慢性土地不足的困局。不只如此，他們也沒有可供開發的衛星城市（vorstadt）。一三一七年，哈梅恩以遠高於時價的價格（相當於四百頭牛）買下一座威悉河上兩公頃的小島，顯示這個城鎮的開發已經到了相當緊繃的程度。換句話說，哈梅恩下層民眾就算組織了新家庭，也很難獨立營生。在這種狀況下，用巧妙話術勸誘他們到東部組織獨立家庭、還可能獲得廣大土地的男子，就這樣出現在眾人眼前。

不只如此，將東方比喻為「流著奶和蜜的迦南地」，這樣的移居傳聞從很早以前就已在哈梅恩的民眾之間流傳。因此，接近適婚年齡、卻因土地財產不足無法組織家庭的年輕人，會因這些話而動心也不足為奇。

只是，這麼多年輕人要移居，對整個城鎮來說應該是重大事件，跟市議會一定也有

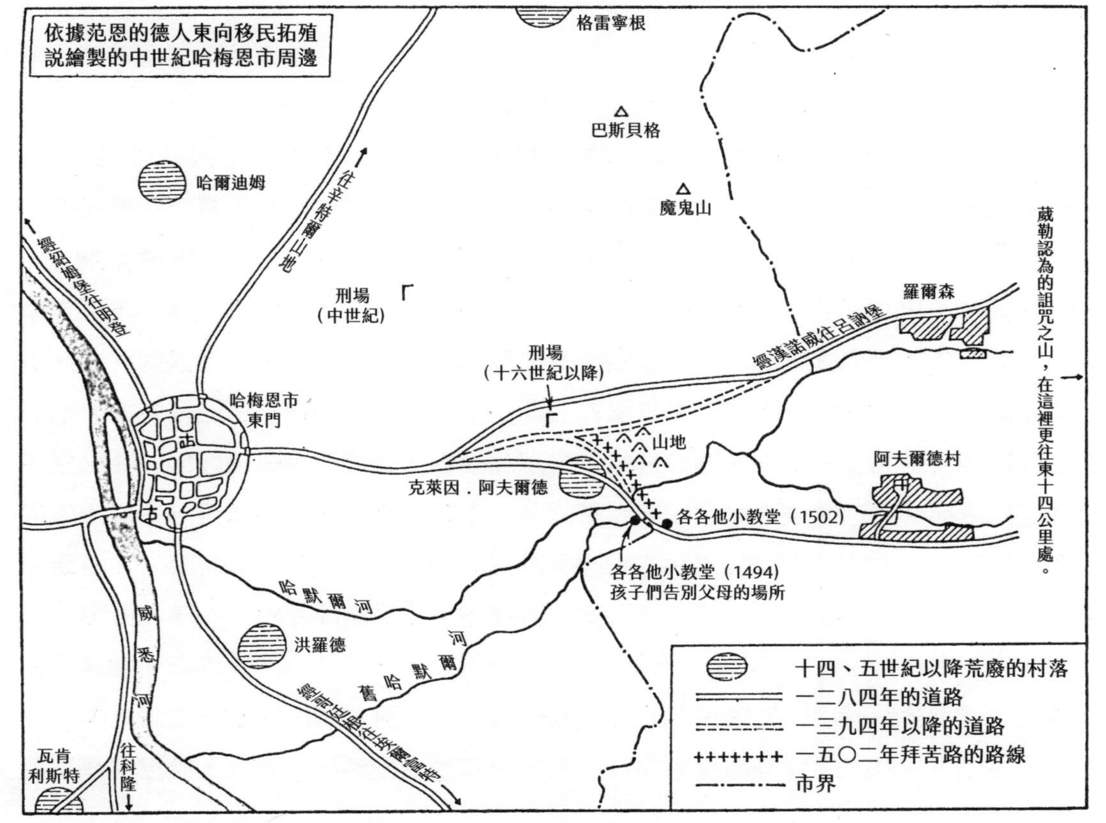
依據范恩的德人東向移民拓殖說繪製的中世紀哈梅恩市周邊
格雷寧根
巴斯貝格
魔鬼山
哈爾迪姆
往辛特爾山地
經紹姆堡往明登
刑場（中世紀）
刑場（十六世紀以降）
羅爾森
經漢諾威往呂訥堡
葳勒認為的詛咒之山，在這裡更往東十四公里處。
哈梅恩市東門
山地
阿夫爾德村
克萊因．阿夫爾德
各各他小教堂（1502）
各各他小教堂（1494）孩子們告別父母的場所
哈默爾河
洪羅德
舊哈默爾河
威悉河
經哥廷根往埃爾富特
瓦肯利斯特
往科隆
十四、五世紀以降荒廢的村落
一二八四年的道路
一三九四年以降的道路
一五〇二年拜苦路的路線
市界

闢。既然如此，那為什麼他們不是從市政廳出發直接穿過東門，而是走狹窄的禁止舞樂之路前往東門呢？對於這個問題，范恩就上層市民與小市民的貧富落差及區域分布狀況，做出了解釋。

據范恩所示，當時哈梅恩市內約有六百處住宅，其中兩百八十五至兩百九十三處屬於上層市民，三百零八至三百一十三處屬於小市民。就像我們在哈梅恩市漫步時看到的那樣，上層市民的家比小市民的大很多，擁有釀造權，而且是那時代威悉地區很稀有的石造建築。今天我們在這些上層市民的宅邸，仍能清楚看見這種所謂「威悉文藝復興」的典型建築。相較之下，小市民的住家就是下薩克森風格、樸實的木筋牆，也沒有釀造權。另一方面也如我們所見，上層市民的宅邸都集中在市場，以及從市場延伸出來的貝卡街與奧斯塔街附近。

在社會意義上與之呈現對比的，是位在東南方的新市場區；這一帶主要住的是小市民及手工業者階級。如果是因為土地不足與貧困之故而必須移居外地，這些人毫無疑問會從自己居住的這一區，特別是該區中心的新市場（過去比現在還要寬闊）穿過禁止舞樂之路，走最短距離在東門集結。因此范恩推定，這些年輕人應該是在住家附近的新市場集合，然後直接走向東門。

那麼，孩子們消失的「各各他」或「山丘」（koppen），又在哪裡呢？

自一四六〇年開始，歐洲各地都仿效耶路撒冷，在苦路（耶穌受難之路）盡頭設置各各他小教堂。哈梅恩在一四九四年也有幾位市民獲得明登主教的同意，在克萊因．阿夫爾德村（Klein Afferde）建立各各他小教堂。該村正好位在城市的古老邊界山丘。這座小教堂後來被遷走，但自前述的尼古拉斯．利拉開始，就把「各各他」誤解成審判或行刑的場所。當然也有種說法是，一四九四年哈梅恩市民想起一二八四年的事件，為了悼念失蹤者的魂魄，所以才在孩子消失的這塊土地上建立各各他小教堂。

據范恩所言，孩子們在這裡（城市邊界）向父母告別，踏上漫長的旅程，而這裡也正是所謂的「山丘之下」。這座高八十五公尺的低矮小丘，在一八七一年因鐵路建設遭剷平，但十六、十七世紀時仍然被稱為「山丘」。現今巴伐利亞一帶的天主教區，還能在田地或村莊的邊界上看到孤零零被豎起的十字架。它不只是在田裡工作人們的守護神，也是離開村莊展開修行與行商旅程的人們和村莊告別的最後羈絆，更是長久離鄉的旅人返回故鄉時第一眼見到的東西。哈梅恩的父母也正是在這個村莊的邊界，將寶貝孩子交給陌生的經紀人。

孩子們都去哪兒了？

最後是很多人關心的問題：孩子們都去哪兒了？孩子們是從東門出發，經希德斯海姆一路通向馬格德堡；而在這中間的城市，並沒有聽聞任何當時發生事故或事件導致大量死亡的傳說。從當時德意志的各種狀況來判斷，若真有這種事發生，大家應該都會直覺認定和東部移民拓殖行動有關。然而，「孩子們都去哪兒了」這個疑問，因為我們完全不知道當時任何一位孩子的姓名，也就是沒有任何線索，所以這個問題仍舊籠罩在迷霧中。不過，就像范恩接下來提出的，正因為有著後文所述的那股確切的內在驅力，所以這種完全沒有線索的狀況，反而是一種線索。

當時人們的地理世界觀相當薄弱，特別是農村的人們，往往終其一生都對故鄉村莊以外的地方一無所知。因此，就算告訴他們孩子要去的地方，對哈梅恩的一般庶民而言也是未知的土地，特別是那塊土地當時又不知屬於哪個國家；像這種遙遠的無名國度，應該很快就會消失在記憶中。

當時諸如分院等機構的教學用地圖，都是以耶路撒冷為中心、東方朝上，也就是基於傳說所繪的失真圖像。不過，在哈梅恩市內有著活動範圍從威悉河全境擴及北海的商人階級，而當時的騎士階級也有不少蔑視「桌上學問」，擁有義大利、聖地、東方冒險旅行經驗的人物，因此市民的地理世界觀應該不像農村那麼薄弱。

一二八四年，呂訥堡石楠草原的本篤修道院曾繪製一張十二．七四平方公尺的大地圖（後於一九四三年大轟炸中被燒毀），這張被稱為「艾布斯托夫世界地圖」（Ebstorf World Map）的大地圖，可做為十三世紀末哈梅恩地理教育的重要基準。它以羅馬的地圖為基礎，和距此五十年前諾福克出身的地理學家巴托洛繆．安格利克斯（Bartholomaeus Anglicus）在馬格德堡繪製的地圖相比，這張大地圖內關於東部的知識明顯增加許多，包括波羅的海沿岸與「漢薩組織」（Hanse）[9]影響所及的諾夫哥羅德到聶伯河流域，都被畫了進去。另一方面在多瑙河沿岸，則是從匈牙利的中心一路畫到巴爾幹半島；除此之外，包括立陶宛、莫斯科、烏克蘭、麥森、勃蘭登堡等地也都詳細描繪。

可是，這張地圖還是有未詳細描繪的區域，那就是摩拉維亞、北匈牙利及波蘭地區。據范恩所述，這些地方不只沒什麼記載，其中還有不少錯誤。關於摩拉維亞的記載極度不正確也不完整，北匈牙利幾乎是一片空白，波蘭也只有奧得河、維斯杜拉河兩條河被記下來而已。因此我們可以推定，這些地區對十三世紀末以降的哈梅恩市民而言，絕對不是什麼至關重要的地區。也因此，這片空白地帶在范恩眼中，正是隱藏著某種祕密的土地。

按照邏輯將各區域一一消去之後，哈梅恩孩子們的目的地便隨之浮現：在西里西亞高地與克拉科夫、西加利西亞北部，乃至於摩拉維亞北部與匈牙利北部（靠近今日斯洛伐克一帶），也就是歐洲主要山脈喀爾巴阡山脈群分水嶺的北麓及南麓兩側。

可是，單從當時哈梅恩的**庶民**對該地一無所知這點，並不足以完全證明它就是孩子們的目的地。於是，范恩採取了和以往論述完全相反的方法，也就是從這些區域中找出和哈梅恩周邊有密切關係、即使是哈梅恩孩童（其實是剛成年的年輕人）以移民者之姿千里迢迢到訪也不足為奇的土地，同時去論證這樣一層關係。事實上，這種論證方式反而比較簡單。

以摩拉維亞北部奧帕瓦（特羅保）為中心的地區，在一二四二年蒙古入侵時，是歐洲受害最慘重的地區。在國王文策爾二世（Wenzel II, 1278-1305）的時代，這個地方是由他的弟弟——特羅保公爵尼古拉（Nicholas I, Duke of Troppau）統治。

一二七八年的杜恩克魯特之戰，⑩系出哈布斯堡家族的德王魯道夫一世擊敗了波希米亞普歇米索王朝的奧托卡二世；之後尼古拉在一三〇六年展開號召，希望喚起中西歐對這個地方的注意。就好像一一四三年以霍爾斯坦開發者著名的阿道夫伯爵在法蘭德爾、荷蘭、烏特勒支、西發利亞、弗里斯蘭等地四處招聘人手一樣，波希米亞及摩拉維亞也不斷

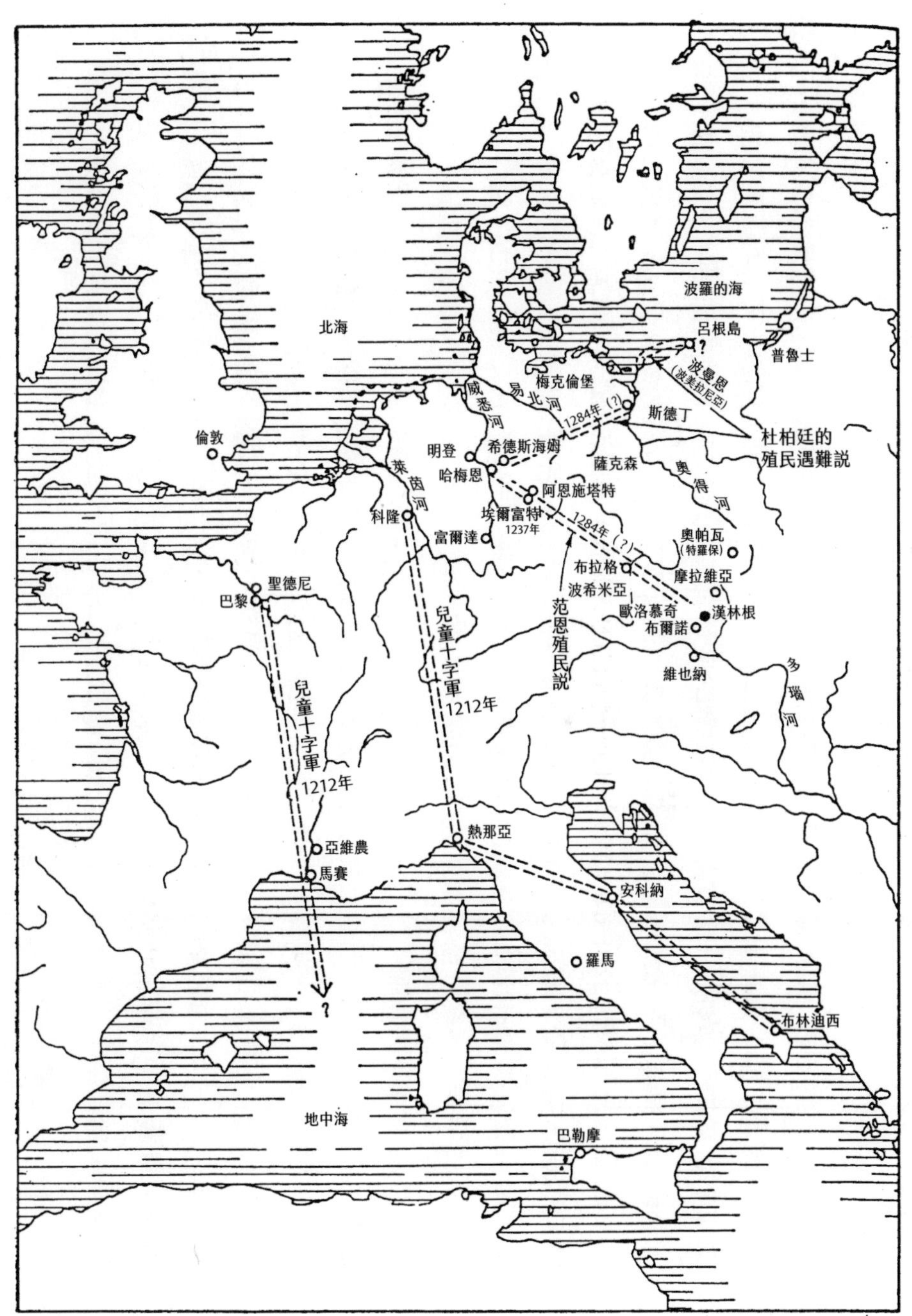
波羅的海
呂根島
普魯士
北海
波曼恩
(波美拉尼亞)
梅克倫堡
威悉河
易北河
1284年(?)
斯德丁
杜柏廷的
殖民遇難說
倫敦
明登
希德斯海姆
哈梅恩
薩克森
奧得河
萊茵河
阿恩施塔特
科隆
埃爾富特
1237年
1284年(?)
富爾達
奧帕瓦
(特羅保)
布拉格
摩拉維亞
聖德尼
巴黎
波希米亞
歐洛慕奇
漢林根
布爾諾
兒童十字軍
1212年
范恩殖民說
維也納
多瑙河
兒童十字軍
1212年
亞維農
熱那亞
馬賽
安科納
羅馬
布林迪西
地中海
巴勒摩

招攬西歐及德意志西部的人們以移民者和城市建設者的身分前來定居。特別是在一二八四年《特羅保和議》之後，一二七六到一二七八年間一時中斷的開發計畫又重新展開。不管是之前還是之後，布拉格的宮廷都不曾像此時這樣，熱切地將目光投向德意志。而這種號召行動，主要是透過吟遊詩人（Minnesinger）來展開。

就在這種情況下，過去屬於摩拉維亞一部分的歐洛慕奇主教區，一下子成了鎂光燈的焦點。不只如此，在這個距哈梅恩東南方六百公里之遙的偏遠一隅，還有一位足以連結歐洛慕奇與哈梅恩的人物存在。

這位人物就是出身自哈梅恩北方約十五公里處、威悉河沿岸尚布爾克的歐洛慕奇主教布魯諾。布魯諾在一二〇五年出生於尚布爾克城，一二四五年成為歐洛慕奇主教，一二八一年葬於當地。布魯諾前往歐洛慕奇赴任後，因為要防備蒙古的威脅，所以在當地推行新的軍事封建制度。這個組織到了十四世紀初期，還保有三百二十五名封建騎士，除此之外還有裝備精良的隨從，總計大約可以供給五百到六百名騎士。不只如此，這個新的防衛組織也有大邦國君主加入，一旦有事，主教便可動員好幾千名的騎士與步兵。這樣的規模已相當於同時期中等的德意志神聖羅馬帝國諸侯。事實上，在一四一九至一四三四年的胡斯戰爭時，他們也是蘇台德地區唯一能與胡斯派相抗衡的軍事組織。

做為這種軍事暨教會組織的經濟基礎，布魯諾強力推廣移民拓殖開發事業。這個主教區在布魯諾赴任時，不過是個只有兩百座零星村莊、負有賦役義務的佃農零零星星加起來也不過一千五百多人的地區；但在他的推廣開發下，到了十三世紀末，它已經擁有超過四百座村莊，以及至少一萬五千名具備自由人格的佃農。僅就今日保留的紀錄來看，布魯諾在摩拉維亞與西里西亞地區設置了兩百個新的移民村，還開闢了三十座城市與固定市集。為了滿足這些需求，他找來了兩萬五千名移居者，以當時來說是極為驚人的數目。

在一二五〇到一三〇〇年間，布魯諾的後繼者迪奧多里希向西歐及德意志西部派出了超過三百名經紀人。這些經紀人在西歐及德意志西部各地募集移居農民，並往往在村莊建設起來後，擔任該村的首任村長。移居農民忍受路途遙遠之苦，三五成群在東部的集結地點集合，然後據范恩所說，他們會收到免費發放的種子和兩三頭家畜。因為和西部相比，東部的貨幣購買力較高，所以不需準備太多資金；而且因為企業家已預付了土地費用，所以農民只需要帶一些家具和日常用品就好。不只如此，新開墾地通常會有幾年的免租期，因此在這種優渥條件吸引下，有很多農民信了經紀人的話，前往東部開墾。

范恩分析歐洛慕奇主教區留下的經紀人特許證內文，發現在這些移居者中，有超過一百五十名德意志貴族的隨從，而這些人當中又有三分之二是出身威悉河沿岸地區，或與該地區有姻親關係。范恩舉出了許多應是出身威悉高地的人名，同時為了論證，他還列舉了許多和低地德意志地名相對應的村莊及地名。

承攬移民拓殖業務的經紀人之間的競爭當然也很激烈，不過和歐洛慕奇有關、從這塊由本地顯要所開發之地前來的經紀人，當然比從非親非故之地前來的人，更容易推廣自己的工作；故此，歐洛慕奇的經紀人會集中號召布魯諾出身的威悉高地，也是理所當然之事。不只如此，尚布爾克伯爵領地和哈梅恩市的北部彼此相連，據范恩所述，這一區也是哈梅恩市人口最多的一個地方；因此就兩者間這層關係來考量，歐洛慕奇方面因人口不足而苦惱時，自然會利用它。

事實上，考察布魯諾開墾的地區會發現，約一萬戶德意志人家族的姓名中，有一千戶左右是出身低地德意志，其中又有超過三百戶是出自哈梅恩近郊。

范恩就這樣透過聚落史與地名分析，澈底研究了歐洛慕奇地區，最後終於發現了「哈梅恩孩童前往的村莊」。這個地方現在是一片森林，但過去曾是摩拉維亞的村莊漢林根（Hamlingow，後來也被稱為 Hamakow）。這個村莊位在摩拉維亞首都布爾諾東北方約二十公里處，主要的開發者為拜恩／巴伐利亞、法蘭克東部、徐瓦本、瑞士及下薩克森的移民。這個村莊的大小約為三十胡符⑪（Hufe。四到八頭牛拉的有輪犁，在午前能夠耕作的面積為一默爾根〔Morgen〕，三十默爾根（英畝）則等於一胡符。一般來說東歐的面積比西歐廣；一胡符耕地，再加上房舍用地、菜園地、公有地的利用權，就是一戶標準的農家），居民除了農業外也經營漁業、磨粉、燒炭、養蜂等等，後來也從事葡萄栽培。這一帶領地以霍爾斯坦城（這個地名讓人聯想起威悉河流域的尚布爾克—霍爾斯坦）為中心，擁有者是歐洛慕奇主教的封臣。在這個村莊旁邊的布魯諾，則是一二四九年侍奉主教布魯諾的修坦格（Stange）家族領地。修坦格家族和哈梅恩的普羅雷溫森家族有親戚關係，這個家族一直到二戰前仍留在東普魯士地區。做為德人東向移民拓殖時期典型的貴族移居者，修坦格家族在當地大展身手；他們在建立、開墾移民村時，想必也得到了包含普羅雷溫森家族在內的全力協助（關於修坦格家族的移民拓殖事業，請參照筆者的著作《德意志中古後期的世界》，未來社，一四八頁以下的部分）。

此外，范恩還利用殘存的方言等旁證，推定這裡就是哈梅恩孩童的目的地，也是他們最終到達的地點。

那麼，最後還有一個問題必須回答：既然這起事件只不過是十二、十三世紀時在許多西歐及德意志西部城鎮與村莊中不斷上演、屬於德人東向移民拓殖運動的其中一幕，那為什麼只有哈梅恩鎮的故事成為傳說流傳下來，並傳播到全世界呢？

范恩認為，當時的一百三十名年輕人脫離城鎮，相當於近代哈梅恩市兩千到兩千五百人、漢諾威地區一萬到兩萬名青年突然消失的程度。通常這個時代的農民與市民被經紀人勸誘時，都是三五成群、悄然無聲地從西歐城鎮和村莊出發，在不引人注目的情況下至東方集合點會合。透過這種方式移民，多少可緩和一點人口增長的壓力，要不然就只能透過饑荒、疾病或其他事故造成的大量死亡來解決了。

一名經紀人通常會帶五、六十人離開，從一個村莊或城鎮一口氣帶走一百三十人極其罕見。然而從哈梅恩巨大的人口增長壓力，以及和歐洛慕奇特殊的人際關係這點來看，范恩認為這是一種用激進方式讓人口急遽減少的罕見手段。被留下來的父母及親戚不分地域，心中抱持的情感都是一樣的；但這座城鎮因為同世代階級的人口大量流出，原先這份對朝向交通聯繫不自由的遠方踏上旅程的孩子安危的關心，便在留下來的人們間反覆傳述，等到父母與直接目擊者悉數過世後，它就變成了傳說。市長和市議員雖說是大城市貴族的爪牙，可是面對這種將對城市經濟造成致命勞動力流失的青年移居東方行動，他們也無法干預；畢竟如果干預的話，搞不好會產生流血衝突。於是，身為唯一識字習寫的他們，為了不讓這種人口流出再度發生，遂決定封鎖言論，將移居紀錄從公文當中抹煞掉；然而這樣的處置態度，反而導致這件事轉化為傳說。

不只如此，傳說成立的決定性關鍵，得從哈梅恩市的人口變遷狀況來看。一三二五年，哈梅恩的出生人數已開始減少；一三八一年，新市場（孩子們集合的場所）已成為一片荒廢不毛之地；一三八八年，農業勞動力的不足益發顯著。一三四七年以降由於黑死病反覆入侵，整個十四世紀的人口明顯下降；到了一四八六年，哈梅恩市所屬的村莊已全部變成廢村，被森林所覆蓋。正是因為十四、十五世紀這種人口減少的傾向，人們才會回想起過去一二八四年許多年輕人不自然減少（可說是某種棄民）的痛楚，從而促成「吹笛手傳說」的形成與新生。

范恩理論的缺陷與魅力

雖然我們詳細說明了范恩的理論，但這樣一個充滿魅力的理論，其實也有著重大缺陷。首先，明明德意志西部和中部有很多村莊城鎮都往東部移民，那為什麼只有在哈梅恩，非得以這麼激進的形式推動不可？關於這點，范恩的論證並不充分。這個時代的人口增長是大家普遍的認知，但哈梅恩並不是一個人口激增特別突出的城市。不只如此，一百三十名青年勞動力的流出，會對人口兩千多人的城鎮經濟造成致命損失，這點任誰都能一眼看出。

確實，在特羅保的周圍有德意志農民移居，然而就像作家漢斯・舒茲（Hans Scholtz）所言，對建設了兩百個村莊、三十座城市的主教布魯諾這種人來說，實在沒必要在自己的出身地透過使喚「吹笛手」、也就是經紀人這種迂迴的怪異方法來引誘年輕人。更進一步來說，如果孩子們的未來真的是一片明朗、跟隨當時所謂「流著奶和蜜的迦南地」這種宣傳移居東部的話，那麼這起事件在後來應該會被流傳成「很久以前，一群拋下沒有希望的城鎮、勇敢踏上前往新天地旅程年輕人的故事」，後世哈梅恩年輕人離開狹小的城鎮、前往大城市或美國開拓自己的命運時，也都應該會想起這則故事才對。

但是，這則故事卻帶著對某種不幸結局的暗示，籠罩在一片陰影之中。不只如此，那些移居的年輕人也不該和故鄉完全斷了聯繫，何況威悉地區與歐洛慕奇原本就關係密切。更不用說，前往哈梅恩東方六百公里處的特羅保尋求土地的農民子弟，要說他們到那裡就變成了有名有姓的人物，這點也無法說服人。

范恩的理論還有其他許多值得商榷之處，比方說從禁止舞樂之路出發這點，他的解釋就相當不合理；若真是結婚典禮後出發，那應該會從廣場教堂前的市場出發才對。不只如此，就像前面看到的，他論證呂訥堡手抄本的「原典」撰寫於一三七〇到一三九〇年代，也顯得頗為牽強。還有「參與東向移民拓殖行動」這件對當時人來說不怎麼怪異的事，要如何轉化為「傳說」？范恩對這中間過程的解釋也相當不充分。就算目擊者全都逝世，只要原因和目的地夠清楚，那就不該轉化成目的、原因都成謎的傳說。儘管隨著時間流逝，原因和目的地可能產生變化，但也不至於變成一切都籠罩在謎團當中，以這種型態傳承下去的故事。

范恩的論點還有很多可疑之處，但儘管如此，我還是認為他的論述是「吹笛手傳說」研究史中的翹楚，畢竟這個理論越過了邏輯的弱點，轉而訴諸人群的心理。在我想來，下層人民子弟的集體結婚和移居，和這個傳說並沒有關係，然而范恩一幕又一幕的推論，都有著喚醒人心、讓人留下深刻印象的力量，也就是說，它在與這項傳說無關之處，觸及了所謂「人的一生」。就算是錯誤的理論，也具有生命力；那麼，這股生命力究竟從何而來？答案是，范恩在這個宏大研究中探尋的，其實並不是「哈梅恩孩子們的行蹤」。

的確，范恩對哈梅恩孩童蹤跡的探索研究，大部分都著重在他認為是孩子們目的地的摩拉維亞歐洛慕奇地區，但他卻沒有從哈梅恩城這邊展開同樣探索。身為出身在摩拉維亞布爾諾的蘇台德德意志人（Sudetendeutschen），⑫范恩在第二次世界大戰後捨棄了故鄉和財產，被強制遣送西德，之後則反過來追尋布爾諾與西德之間的牽絆；換句話說，范恩自己就是現代版的「哈梅恩的孩子」。他將青春的熱情全部傾注在這則過往傳說，試圖尋找孩子與失落故鄉之間的牽繫。

范恩的父母出身原奧地利領土、後見奪於普魯士並納入後來德意志第二帝國的西里西亞，很多親朋好友也都來自於二戰前原德國東部及中東歐各地區。不只是他，東部德意志人的祖先很多都可回溯到中古德人向東移民拓殖時期，在經紀人帶領下離開故鄉城鎮村莊的人們。

就這點來看，對范恩而言，一二八四年的「哈梅恩吹笛手與孩童失蹤」事件，絕對是真實發生過的歷史事實。然而范恩的思鄉之情並不是針對西德，而是針對摩拉維亞的布爾諾，因此只能是一種無法實現的夢幻泡影。在范恩背後隱藏的，是跟他同樣命運、數百萬出身原德意志東部及中東歐地區的德意志人的悲嘆與期望。包含范恩在內的這些人，他們的悲嘆與期望從過去投射到現在、從傳說投射到歷史事實、又從現在投射到寤寐所思的夢想當中；於是這項「傳說」，就成了他們與現在「世界」之間的連結及牽絆，而從這個層面來說，這果然稱得上是一門「學問」。范恩理論的魅力，在此盡數體現。

杜柏廷的移民遇難說

同樣是立基於中古德人東部移民說，漢斯・杜柏廷的移民遇難說（參照第一一五頁地圖）卻有著與范恩截然不同的氛圍。杜柏廷的學說，首先從批判范恩理論開始。他認為，從這個傳說滿滿的陰暗面來看，這些孩子想必是遭遇了不幸；因此，孩子們（實際上是剛成年的年輕人）必定是在前往東部移民的過程中遭遇了什麼事故，從而不幸罹難。他透過錯綜複雜的系譜學縱觀研究，對這樣的可能性展開了論證。

杜氏論證的出發點，是公認最古老的廣場教堂彩繪玻璃的摹寫。這幅彩繪玻璃畫作於一五九二年梅爾瑟堡（Merseburg）的《旅行編年史》中被摹寫成插畫並流傳下來。這幅畫除了「吹笛手」與孩童外，還畫上了三朵薔薇、三頭鹿，以及一隻鶴。另一方面，吹笛手身上穿的衣服則是紅白藍黃四色交織而成，因此他毫無疑問，必定是擁有類似圖案和顏色家徽的貴族。於是杜柏廷在系譜學與家徽學的驅使下，試著找尋擁有這種家徽的貴族，結果推定「吹笛手」應該是尼古拉斯・馮・斯皮格爾貝格（Graf Nikolaus von Spiegelberg）伯爵。

一二八四年六月二十六日，斯皮格爾貝格伯爵率領一百三十名哈梅恩市民從哈梅恩城朝波曼恩／波美拉尼亞（Pommern/ Pommerania）方向動身前進，尋求新土地。七月八日，他和弟弟莫里茨二世及赫爾曼停留在波曼恩的大城斯德丁／斯賽新（Stettin/ Szczecin），七月底一行人從海路前往德意志騎士團國家（Staat des Deutschen Ritterordens）[13]立國所在的普魯士，結果他們搭乘的漢薩柯克船（Kogge/ cog，十三世紀漢薩商人使用的帆船；長約二十九公尺、寬七公尺、深三公尺，使用一到三面船帆，大約可以裝載一百四十噸到三百噸貨物，或是四百名人員與四十名船員），推估應該是發生了船難。據七月二十二日一名聖約翰騎士團團員在呂根島（Rügen）上的柯法因（Kopferin）表示，自從上次看到斯皮格爾貝格伯爵的船隻以後，就再也沒有他們的消息了。

系譜學利用各地編纂的文件，以及做為證人、載於文件末尾的眾多人物，來推斷出某人曾經居住在這裡；另一方面也引用家徽學和姓名學，將此人曾經出沒的地點連結起來，從中發掘出某種意義與關聯。尼古拉斯出身自哈梅恩近郊的波朋堡－斯皮格爾貝格（Poppenburg-Spiegelberg）伯爵領地，他的父親莫里茨一世在十三世紀初被逐出領地，浪居到梅克倫堡（Mecklenburg）。尼古拉斯和其他三名兄弟當時應該也一起前往梅克倫堡，不過在一二七七年，莫里茨和尼古拉斯父子落腳於出身地附近的勞恩斯坦（Lauenstein）地區，莫里茨還在柯朋布呂格（Coppenbrügge）獲得了六胡符的土地。同年，尼古拉斯被控訴攻擊呂訥堡的鹽礦區，殺害了兩名市民。他們可以稱得上是這個時代典型的弱小貴族。

一二八一年，尼古拉斯移至哈梅恩旁邊的文斯托夫（Wunstorf），之後據資料顯示，在一二八二、一二八三、一二八四年七月七日的這段時期，他都隸屬於波曼恩公爵博吉斯拉夫（Bogislaw）的麾下。

博吉斯拉夫自一二八三年年中開始，就與勃蘭登堡邊區（Mark Brandenburg）伯爵展開激烈的戰鬥，尼古拉斯大概就是為了援助博吉斯拉夫才前往波曼恩，成為麾下為其作戰吧。尼古拉斯在梅克倫堡建立了斯皮格爾貝格城，一二八四年七月八日和兄弟莫里茨二世及赫爾曼一同抵達斯德丁，此後就再也沒有關於他的文件記載了。不過他的兄弟有回到下薩克森地區；一二八五年九月，莫里茨二世抵達希德斯海姆，一二八八年四月則和赫爾曼途經文斯托夫，在柯朋布呂格住下。

除了以上的資料外，一二八四年左右在哈梅恩附近的伯爵只有三位，其他兩位（阿爾伯特．馮．施瓦倫貝格與奧托．馮．艾菲斯坦）在之後的文獻中仍有出現，所以不成問題，問題在於之後音信全無的尼古拉斯。不只如此，尼古拉斯和他的兄弟是十三世紀初期波曼恩公爵麾下唯一的德意志籍伯爵，因此可以看出被逐出故鄉領地的他，明顯有移民拓殖波曼恩的意圖。

其他類似的例子還有從希德斯海姆遠渡普魯士的迪特里希・馮・迪潘瑙（Dietrich von Depenow），以及同樣從威悉地區前往歐洛慕奇，之後又移民普魯士的迪特里希・修坦格（Dietrich Stange）。

於是杜柏廷推定，尼古拉斯在一二八四年初把弟弟赫爾曼留在波曼恩，自己回到哈梅恩，並在關鍵的六月二十六日和弟弟莫里茨二世一起，帶著一百三十名哈梅恩市民前往波曼恩。波曼恩公爵和勃蘭登堡邊區伯爵的戰鬥，後來在神聖羅馬帝國哈布斯堡王朝魯道夫一世的調停下暫時休戰，從而使經由勃蘭登邊區通往普魯士的道路暢行無阻，因此尼古拉斯必然是打算一舉將移民拓殖事業往東部推進。

為了支持這項推定，杜柏廷指出了另一項事實：哈梅恩市議會成員在一二八四到一二八八年之間大幅減少。這段時間市議會有十一名議員退出，比一二八二到一二八四年的一人、一二八八到一二九二年的四人相比，明顯多了許多。一二八四年以降從文件上消失的市議員，其中八人根據名字等其他佐證，發現全都是青壯年人。不只如此，他們之中的大部分人在「孩子失蹤」的三天前，都還是市議員。根據這項事實，杜柏廷認為這幾位名字消失的市議員應該也加入了尼古拉斯伯爵率領的一百三十名市民隊伍，踏上經由波曼恩前往普魯士的旅程。

杜柏廷從這樣的關聯作出了以下解釋：「吹笛手傳說」與後來加入的「捕鼠人復仇故事」，其實是騎士和市議會環繞著土地問題展開對立的結果；至於「回來的盲目孩子與啞孩子」，則源自為找尋尼古拉斯而返回哈梅恩的莫里茨二世與赫爾曼。

可是，正如接下來會再次提及的，捕鼠人的故事是十六世紀才首度加入吹笛手傳說當中，因此它和十六世紀哈梅恩市內的種種、特別是市議會與一般庶民之間的關聯，都必須加以討論。這已經超越了立基於同時代、也就是中世紀史料的論述框架；也就是說，這個問題不屬於傳說的背景，而是關於其演變的問題。

不只如此，杜柏廷基於系譜學的研究也有好幾個重大缺陷。其中一個是，他該如何證明所有相關人物真的在特定時點（也就是一二八四年），出現在特定的場所（如哈梅恩）？杜柏廷認為尼古拉斯就是帶領哈梅恩孩子（實際上是市民）的「吹笛手」，但他基於同時代史料所推論出的根據，只有這個人在一二八四年之後就不曾出現在任何文獻當中，以及他有移民德意志東部的意圖這兩點。

廣場教堂的彩繪玻璃經過十六世紀的描摹得以留存，但從上面有老鼠圖樣這點來看，在描摹之際可能作了很多加工，畢竟這是所有同時代史料都不曾提到過的東西。如果彩繪玻璃上描繪的男子就是斯皮格爾貝格伯爵尼古拉斯，那這個傳說在十六世紀就應該解開謎底了。畢竟在移民德意志東部及中東歐的過程中遇難的例子不在少數，以尼古拉斯的情況，毫無疑問也會流傳下來。

此外，儘管八名市議員在一二八四年六月二十三的城市文件中有出現，證明他們直到這一天確實都在職，但我們沒有任何直接或間接證據，顯示他們是在二十六日辭職；能確定他們已不在職位上的下一份史料，是一二八八年十二月十八日的文件。

關於這一點，某位評論者就如此批判杜柏廷：位居市議員這種地位的人物，應該不會冒著極端危險遠赴條件嚴苛的東部才對。面對這種批評，杜柏廷則反駁東向移民也有貴族參加。可是貴族會移居東部，通常是其在本國地位岌岌可危時才會發生，所以也屬於一種例外（關於這點，請參照筆者的著作《德意志中古後期的世界》）。因此我們必須釐清，這時的哈梅恩市議員是否真有搖搖欲墜的可能。確實在十三世紀末，過去得以參與市議會的手工業者有被排除出去的傾向，但杜柏廷明白指出的這些市議員都家世顯赫，而非手工業者。再說，就算有手工業者進入市議會，他們也是該階級裡頭最富裕的一群。

不只如此，決定性的關鍵問題是孩童（pueri）與母親。杜柏廷雖然指出，pueri 指的是「城鎮裡土生土長的人們」，但若包含市議員在內的市民層都移居了，那還會出現像中世紀史料所描寫的那般，「母親悲歎不已」的情況嗎？這個傳說的原型應該是以孩童為主角，流傳於庶民之間的傳奇故事。正因如此，它才會沒留下正式紀錄，只被寫在書頁留白處，一直流傳到後世。就算是以掌權者間的鬥爭為背景，這則故事也是從身為被害者的庶民立場出發，觀察並描述整起事件。

儘管杜柏廷的論證有豐富的系譜人脈知識，但將個別事實連結起來的邏輯卻是極端薄弱；不只如此，該論述也欠缺像范恩理論那樣充滿幻想、讓讀者不知不覺深陷其中的魅力。從杜柏廷的傳說研究出發，只能得到這樣的結論。

傳說原本即是庶民對自己歷史的描述，因此某種程度上是出自事實。就這點來看，正如奧地利民俗學家格奧爾格．格洛柏（Georg Graber）所言，「傳說原本是農民的歷史敘述」，跟童話故事本質上是不同的。傳說一開始不過是由單純的歷史事實轉化而成，但在轉化過程中，最原初的事實在不知不覺間牢牢嵌進了庶民的思考世界框架，並被賦予了定位。換句話說，這個轉化過程將原始傳說融入了某個鑄型（pattern）當中；而這樣的過程，正是我們如今所面臨的問題所在。因此，面對這個一再改變其面貌的傳說，若我們能穿越它受各時代的定型、以及各時代庶民思考世界的維度，直抵最原初的事實，或許就能釐清這則傳說。

然而，要做到這件事相當困難。畢竟，當我們認為「能夠釐清」時，回過神來才發現，我們或許也在自己的時代裡，運用所謂的「學問」形式，為傳說定下了新的鑄型。傳說與庶民世界之間充滿著關聯及羈絆，而學問也與我們的世界有著千絲萬縷的關聯，兩者在本質上並沒有任何不同；從范恩的研究中清楚展現了這一點。

不過，如果只是這樣也還好。令人困擾的反而是像杜柏廷這樣，不想親身走過傳說形成與變化的過程，卻貿然想解清原初事實的態度。所謂原初的事實，或許只是一件不甚為奇的事實；然而這樣一起不怎麼重要的事件，當它深深刺進了不同時刻人們的內心，並悉數沉澱之後，便會以傳說的形式被流傳下來。

若要思考傳說的這種性質，我們就必須脫離把中古德人東向移民拓殖行動當成吹笛手傳說歷史背景的上述兩種說法，重新將目光移回哈梅恩市民身上才行。畢竟，我完全不認為這則傳說的背景是像德人東向移民拓殖行動這樣，從各方面來說都是依循計畫推行的舉動。

審定註

⑦「經紀人」是新開發的德意志東部領主貴族及中東歐各國統治者的下屬，他們絕大部分隸屬低階貴族—騎士階級，有些則為城市市民階級。無論出身為何，經紀人是一批擁有資產的產業主，後來又領受了所屬領主所饋贈的大量領地，負有開發這些土地之責。於是他們乃扮演著仲介者角色，前往德意志及歐陸西部，以允諾給予種籽、農具、土地及享受免稅權等優惠，招募當時為人口壓力所迫的西部百姓，向東移民至新近征服尚未或僅低度開發的東部地帶，進行疆域開發與拓殖。後來當經紀人將移民帶到東部而將當地開發成鄉村或聚落之後，他們就成為該地的鄉長或村長，其中亦有許多實力雄厚的經紀人甚至能夠掌控城市，因此透過經紀人做為中間者的角色，使得無論是東部的聚落、鄉村及城市，其稅收都能源源不絕地流入東部的統治者手中。當然在德意志東部及中東歐各地，不同地區的經紀人所扮演的角色亦有些許差異，有些地區除了開發之義務外，尚需為領主服軍事役，例如勃蘭登堡邊區伯國，經紀人在遇有戰事之際必須自備武器及戰馬上戰場，為領主效勞。

⑧中古時期的德意志人東向移民拓殖行動，肇端於下列數項成因：其一，當時歐陸及德意志西部正承受著人口過剩的壓力，飽受饑荒及貧困所苦的大批民眾遂被迫拋棄原鄉，移往中東歐低度或未開發

地區尋求較佳的生活條件。其二，德人外移動機受到德意志東部及中東歐各國統治者大力招徠德人移入的背景下，而更形強化，當時東部各國君主想運用德人較先進的農工商技術，而提升本國經濟生產力及增加稅收來源，遂提供各項有利條件招募德人之移入。至於德意志王國暨第一帝國境內各諸侯領主對易北河以東地帶的領土野心，則是德人東向拓殖移民的第三項重要因素，他們推動了軍事的「東向政策」（Ostpolitik），迫令易北河及奧德河流域的斯拉夫各地諸侯稱臣納貢。最後，基督教會的傳教使命則為德人東移的第四項要因，為了將異教徒轉化為基督徒，教會神職人員早在各領土諸侯征服擴張東部領域之前，即已傳道中東歐異教徒地區，其後並藉由各諸侯的軍事征服而穩固並擴張基督教會的傳教成果。隨著異教徒的皈依，終而導致基督教會勢力在中東歐地區的立足與擴張，並使廣大的中東歐斯拉夫世界及波羅的海地區逐步納入「拉丁—日耳曼—歐洲」文化圈內。

總計在十二至十四世紀前期之間，約有五十至七十萬左右的德意志人移向德意志東部及中東歐地區，並自此之後落籍當地，直迄七百至八百年之後的二戰結束，其後代橫遭驅離為止。

⑨「漢薩」一詞源自低地德語，意為「同盟」或「伙伴」。漢薩組織最初是十一至十二世紀的進程中，德意志商人所組成的「商人同盟／商人漢薩」（Die Kaufmannshanse），其後各城市商人以其所在城市為據點而進行彼此結盟，乃在十三世紀中期出現了「城市同盟／城市漢薩」（Die Städtehanse），由於此類加盟城市以德意志城市占絕大部分，因而又被稱為「德意志漢薩」（Deutsche Hanse）。其後隨著該組織加盟城市與日俱增，使得該組織實力愈形強大，發展至十四至十五世紀時終而達到巔

峰期，成就波羅的海至北海的商業及政治霸主地位。至十六世紀之後，隨著歐陸貿易重心移向大西洋之後，其勢始衰。

過去中文學界常將漢薩組織譯為漢薩同盟，係轉譯英文 Hanseatic League 而來，然而「漢薩」一詞本身即是「同盟」之意，若採舊譯不免犯了畫蛇添足之失，再加上近年來許多英文史著，諸如劍橋德國史等，皆已修正對該組織之稱謂，稱之為 Hanse 或 German Hanse，因而譯為「漢薩組織」方是忠於原文之意。

⑩自從德意志神聖羅馬帝國「霍恩史陶芬王朝」在一二五四年結束之後，德意志境內陷入內戰頻仍的混亂時期，史稱「王朝過渡」或「大虛位」（Interegnum）時期。此時期德境勢力最大者亦是競逐德王最強力的候選人，是波希米亞王國普歇米索王朝的奧托卡二世，然而德意志各大諸侯恐其當選後強化中央王權而損及自身權利，遂在一二七三年選舉哈布斯堡家族的魯道夫一世為德王，並賦予其奧地利的領地，此舉引發奧托卡二世的強烈不滿，雙方因而爆發數年的衝突後，終在一二七八年的杜恩克魯特戰役，魯道夫一世擊敗奧托卡二世後，確認其德王之位。

值得一提的是，普歇米索家族的奧托卡二世先前推動德人東向移民拓殖運動不餘遺力，他本人有「鐵金國王」的外號，係因在其任內，大舉招募德意志礦工進入波希米亞及摩拉維亞的蘊藏礦苗的週遭山群地帶開採，諸如礦山及蘇台德山等等，使其稅收大增，富甲一方，因而得到此一稱謂。奧托卡二世死後，後續波希米亞王國統治者仍繼續推動招徠德人入境進行疆域開發事宜，使得波希米亞及摩拉維亞德人數量大增，他們群集的地點集中在環波希米亞及摩拉維亞的週遭山群地帶，此處即後世的蘇台德地區。

⑪胡符是源自西歐及德意志西部的土地丈量法，為中古農村普遍使用之測量單位，其法為使用標準規格的細繩輔以矩形測量法之助而成。胡符隨地區之不同，其所涵蓋的面積亦不盡相同，一個北德胡符約為三十五公頃，一個弗來明胡符則約十七公頃，至於一個法蘭西胡符則為二十五公頃。

⑫早在中古高峰期的十二至十三世紀間，即有大批的德意志人，包括礦工、農民、手工業者及低階貴族及教會人員等等，受波希米亞王國普歇米索王朝統治者之邀，移向波希米亞及摩拉維亞，進行疆域開發與拓殖行動。他們群居的地點主要集中於波希米亞及摩拉維亞的週遭環山地帶，後來這些世代居住於兩地的德人就被統稱為波希米亞德意志人。直至一戰結束後，總數高達三百五十萬左右的波希米亞德意志人在戰勝國協約國的主導下，被劃入了新建的捷克斯洛伐克共和國疆域之中，導致波希米亞德意志人的民族情感受創。一九三三年納粹黨人攫取德國政權後，波希米亞德意志人對隸屬於鄰國捷克斯洛伐克的德人不斷施以誘惑挑弄，促其提出自決要求，遂釀成國際危機。過去這些波希米亞德意志人最為密集的分布地區是蘇台德山區地帶，因而捷克斯洛伐克境內全體德人也被統稱為「蘇台德德意志人」，而這場國際危機也就被稱為「蘇台德問題」（Sudetenfrage）。

一九三八年的慕尼黑會議上，在英法綏靖政策下，蘇台德地區最後割讓給納粹德國，卻終究無法免於二戰於隔年（一九三九年）的爆發。二戰結束後，根據波茨坦條約的相關規定，戰前生活在奧德河及其支流奈瑟河以東的原德國東部領域：後波曼恩、東勃蘭登堡、西里西亞及東普魯士，以及中東歐各國的德意志人，必須離開世居數百年之久的原鄉並被逐往日後的東德、西德及奧地利，導致包括蘇台德德意志人在內超過一千二百萬以上的德意志人一夕之間失去家園，被趕往西方。在這場人造的民族大遷徙中，至少有高達二百萬以上的德意志人，因中東歐各國的仇德情結而命喪西遷德奧之途。

⑬ 德意志騎士團（Der Deutsche Ritterorden），或依拉丁文及英文譯為條頓騎士團（The Teutonic Order of Knight），係一一九〇年成立於巴勒斯坦的德意志武裝修會，與醫院騎士團、聖殿騎士團並稱為聖地三大武裝修會。由於當時東地中海地區的十字軍諸國度聲勢日蹙，以及成立較早的另兩支騎士團幾乎掌控了當地政軍要津及重要據點，使得幾無發展空間的德意志騎士團只能尋求在歐陸發展的可能，最後在一二二六年藉著波蘭北部獨立的馬佐維亞公國之邀而進駐波羅的海南岸，執行對異教徒普魯琛人（Pruzzen）的征服行動。其後歷經了近六十年的征戰，終於一二八三年完全征服了東北歐的普魯士（Preussen）及立夫尼亞（Livland/Livonia），從而締建了一個歷時近二百年之久的波羅的海霸權——德意志騎士團國家。直至一四六六年的第二次投恩和約之後，德意志騎士團國家才因內憂外患而崩潰。該約中，騎士團所統轄的核心領域普魯士被分割為兩部分：波蘭王室直屬普魯士（波莫瑞冷 Pommerellen，即日後的西普魯士 Westpreussen），以及騎士團國家所繼續統治的殘餘東普魯士（Ostpreussen），但德意志騎士團國家從此之後完全淪為波蘭—立陶宛聯盟的藩屬，是為「普魯

士之瓜分」。

其後，騎士團國家所統轄的殘餘東普魯士發展至一五二五年，在系出霍恩索倫家族的騎士團大團長阿爾布雷希特．馮．勃蘭登堡—安斯巴赫（Albrecht von Brandenburg-Ansbach, 1490-1568）統治下，取得宗主國波蘭國王的同意後，正式皈依基督新教並世俗化，成為普魯士公國。直至一六一八年，普魯士公國的霍恩索倫家族男性繼承人斷嗣，其地乃被同屬霍恩索倫家族的勃蘭登堡邊區伯爵所繼承，是為「勃蘭登堡—普魯士」，並至一六五七年勃蘭登堡邊區伯爵腓特烈．威廉（Friedrich Wilhelm von Brandenburg, 1620-1688）正式從波蘭手中取得東普魯士的完整主權，奠定日後一七〇一年普魯士王國之始。

第四章　經濟繁榮背後的陰影

中古城市的下層民眾

上一章我們用德人東向移民拓殖行動來探尋形成傳說的歷史背景，並檢討了范恩與杜柏廷的理論；結果發現，這兩人的理論都無法滿足我們的要求。可是，為什麼人們不得不離開住了幾百年的故鄉，移民到德意志東部及中東歐地區？這讓我們無法視而不見，必須加以了解當時社會的各種狀況。

就像前面已知的，富爾達修道院與哈梅恩分院、明登主教與威爾芬家族等勢力環繞著哈梅恩的城市建設，展開了一連串鬥爭；另一方面，艾菲斯坦家族與斯皮格爾貝格伯爵等人的競逐，也是為了確立這個時代的領地控制權。於是在這時，一直以來錯綜複雜的人際支配關係在各式各樣的爭鬥中獲得梳理，形成了整合統一的控制圈，這就是一般所稱的

「領地主權」。這時形成的統一領地，和現代的國家領地具有相同的意義，因此有不少學者認為，領地主權的確立，就是近代國家的起點。

然而，這種統一控制權的確立，必定不會是在未遭遇抵抗的情況下順利推行。當領地的主權貫徹到各地時，當地的騎士和守護階級無法維持既有地位，結果被排除在控制圈之外；而他們當然也早早察覺到這股危機，於是嚴酷剝削農民，企圖增大自己的收益。也是在這股危機感下，騎士間私鬥盛行，殺人成為家常便飯；像尼古拉斯伯爵這樣襲擊呂訥堡鹽礦區的舉動，都還算溫和的。

認清自己在原鄉社會地位持續衰落的騎士，為了維持並提升地位，遂轉而移居到東部的新天地。哈梅恩所屬的明登主教區也是如此；守護對農民的剝削從十三世紀初開始日益激烈，還屢屢被投訴到主教那裡。在這種剝削下，明登主教區領地內的農民因付不起貢賦而逃亡的情況數見不鮮；而逃亡的目的地不用說，自然是以鄰近城市為首選。

然而土地狹隘、手工業也不夠發達的城市實在養不起眾多人口，於是市內擠滿了下層民眾，社會的不安愈形擴大。就像前面所見，從農村逃亡流入城市的下層民眾大多沒有市民權，因此成為了被城市共同體所排除、歧視的階級。這樣的階級在市內人口占了多少比例？這種沒有市民權的城市下層民眾，他們的生活又處於怎樣的狀態？這些都是我們不得不去思考的。

可是，迄今為止的歷史學幾乎不曾處理這些下層民眾，所以史料極端稀少，光憑哈梅恩本身的史料，根本不足以充分描繪其實貌；因此，我們必須放眼德意志全境，來探索下層民眾的生活型態。

眾所周知，中世紀社會是等級制（Stand）社會；在這種社會，一般來說出生於貴族家庭的人到死都會是貴族，出生於乞丐家庭的人也到死都會是乞丐。換言之，與生俱來的身分地位是金錢財力無法撼動的堅固壁壘；說得更精確一點，金錢在中世紀社會並不像現在這樣，擁有能發揮偌大魔力的空間。然而十二、十三世紀歐洲各地陸續興起的城市，為這個中世紀社會帶來了迥然相異的生活樣式。推動中古城市建設的核心階級，正是因商業致富的商人；換句話說，中古城市是中世紀第一個把財富與金錢當成重要事物的社會。儘管如此，貫串中古城市的法律原理仍未全然脫離中世紀社會的色彩，等級制和以此為基礎的道德秩序在本質上也沒有很大差異，所以在中古城市裡，等級制原理與金錢財力原理始終爭執不下，形成了一個在旁人眼裡看來相當有趣的**實體**。可是在這兩個原理僵持不下時，也有些人從它們之中被排擠出去，那就是中古城市的下層民眾。他們雖因等級制原理的慢慢衰退而稍許解放，但面對以數倍力量威脅、欺凌他們的金錢財力原理時，他們只能慘遭壓迫，毫無還手之力。這種狀態甚至一直持續到十九世紀中葉。

那麼具體來說，城市的下層民眾是怎樣的一群人呢？一般而言，他們是一群經濟無法自立、城市內最貧困的階級，裡頭沒有市民權的人占壓倒性多數，但也有一些擁有市民權的手工業者或沒落市民。若將他們再加以細分，則可分為商業與手工業匠人（geselle）、學徒（lehrling）、奴僕、受雇勞工、日薪零工、婦女、貧民、乞丐、賤民等等。要推估這些下層民眾究竟占了多少城市人口比例，是件相當困難的事；就像有人說的，「貧民死去後，〔他們身為人的〕一切也都隨之消失；他們的人生一片黑暗，死後也因忘卻而一片黑暗。」

兩名僕奴（女傭和廚師）

洗衣婦

不管什麼時代，死後留下財產和傳記的永遠都是有權有勢的那些人，至於孑然一身、僅能勉強餬口卻無法翻轉短暫人生的貧民，只能在某天橫倒街頭、被送進貧民院，最終連名字都不知道的情況下被埋入黃土。

不過，也有像海德堡大學埃里希・馬什克（Erich Maschke）這樣的研究者，透過各種資料來推估中世紀德意志各城市的貧民人數。據馬什克所言，一三八〇年呂北克（Lübeck）的下層民眾約占百分之四十二，在奧格斯堡（Augsburg）則占了人口的三分之二。雖然很難期待有更精確的數字，不過一般來說，這些下層民眾都至少占了各城市超過兩成的人口。

在商人旗下供其使喚奔走的那些人，是下層民眾中生活比較好的一群。在科隆（Köln），他們可以獲得市民權，當中有些人靠著勤懇努力賺得薪水，並投資主人的事業，從而累積財富。中世紀社會致富的唯一機會就是商業，因此除了以各種型態和商業扯上關係的階級外，諸如手工業工匠、學徒以及領日薪的零工等等，日子都過得相當悽慘。職業公會由「老闆—工匠—學徒」三階級組成，只有老闆能成為公會的正式成員；工匠和學徒的工資由老闆和市議會決定，在經濟上完全處於隸屬狀態。有報告指出，這些薪水扣掉日常開銷後，往往只剩五、六成不到。十五世紀末的紐倫堡（Nürnberg），在建築工地打零工的人，薪資都是中午前發放，因為當他們回家吃午餐時，必須把薪水交給老婆，今天的晚餐才有著落。

這時的學徒也必須繳納一定金額給老闆做為保證金。在一二九二年的呂訥堡，鞋店的學徒必須繳納十二馬克的保證金，不過要是認真工作的話，大概兩年就可以賺回保證金。不只是在經濟上隸屬於老闆和市政當局，還有其他各種規矩束縛著他們。學徒晚上不許住在老闆家以外的地方，出師之前也不能結婚。不只如此，由於老闆的名額有一定限制，因此很多人終其一生都只能是工匠。十五世紀末埃爾富特（Erfurt）的木匠公會雇用了九十名學徒，但經過長時間的奉獻服務後，最後只有十個人能成為老闆；不只如此，當中的第十位老闆從當學徒到獨立開業，一共耗費了二十八年的時光。因此，這種制度實在極不人道。固然年輕人血氣方剛，也有的打破規則結了婚，但還在當學徒就結婚，往往會被看作懶散怠惰的證據，成為老闆的機會也跟著渺茫。如果是老闆的兒子，那就比較容易沾父親的光，不管獲得市民權、成為老闆或加入公會都比較順遂；但如果沒有這類特別值得拔擢的背景，要獲得市民權成為老闆，就需要大量的金錢。一四四一年巴塞爾（Basel）的市議會就接獲投訴，該市同業公會的入會金額太高，這樣下去沒人敢住在這座城市。要加入同業公會，需幫公會購買供奉給教會的蠟燭、支付宴請全體老闆的新老闆就職大型宴會費用、市民加盟金，還得有符合規定最低限度的財力證明；除此之外還必須擁有獨立爐灶，以及自己的住宅。一般而言要成為老闆，必須做出足以堪稱「匠心之作」（meisterstück）、供資格審查用的作品才行，不過這些常常都可稍後再提出。比起工作的內容，這個人是否能遵守社會群體的既存秩序，往往是更要緊的事。這在各個時代都是一樣的。

就這樣，既沒有錢、也沒有父親可沾光的大部分工匠和學徒，只能斷了往上爬的念頭，從而將人生浪擲在吃喝與賭博中，其中賭到連褲子都當掉的不在少數。可是就算這樣，也還是有些人吝嗇透頂，就算夥伴都去賭博也不參加，甚至為了點小錢犧牲倫理道德。這種人偷用老闆的材料做自己的作品，拿去黑市販賣換錢，並積極把握向上爬的機會。更聰明的人則將腦筋動到老闆的女兒身上；要是能跟老闆的女兒結婚，就可以免費獲得市民權並加入公會。很多工匠想走這條乘龍快婿的捷徑，但老闆們當然沒有那麼多女兒，於是他們又把腦筋動到了遺孀身上；就像俗諺說的，「能牽到老闆遺孀的手，就等於拿到進入職場的門票。」據馬什克的調查，十四世紀這樣的案例相當之多。自一三五八到一四〇〇年間，不付錢而獲得市民權的人當中，有百分之八十五·五都是靠著這類婚姻關係躋身上流。

比起這些學徒，奴僕階級的處境更糟。他們在主人底下工作，除了足以果腹的食物外，拿到的薪水就只有一點點；單身的話倒還勉強過得去，但這個階級到了一定年齡後就必須獨立維持家計，結果就會淪落成市內最貧困的階級。特別是有小孩的婦女，情況更是悲慘；雖然她們可以當商人和手工業者的補充勞力，受其使喚，靠著幫傭之類的工作勉強持家，但若沒有他人援助，她們就無法生存下去。因此在所謂的下層民眾當中，婦女占的比例最高。

毫無名譽可言的賤民

這些下層民眾當中，最受蔑視的就是賤民階級了。賤民是毫無名譽可言之人，* 主要包括了刑吏、掘墓人、剝皮人、捕快、獄卒、澡堂老闆、亞麻布織工（隨地區而異）、巡遊藝人、神父的私生子、小老婆的孩子等等。這些人因出身和職業之故受社會歧視，也被教會和市民團體排除在外，完全沒有任何權利。一四五五年，麥茵河畔的法蘭克福（Frankfurt am Main）就有某個織工因為和賤民出身的女子結婚，差點遭到公會除名；市議會也反對這項婚姻，最後以「妻子不會在祭典時出現在公會的聚會」為條件，才同意兩人結婚。就像這樣，賤民在城市的核心活動——祭典，以及祭典的高潮——舞蹈當中，也是被排除的。一三八四年，奧格斯堡的市議會規定了「奴僕可以跳舞的場所與時間」，恰恰凸顯了他們賤民的身分。

按照我們的經驗，所謂的「祭典」應該是村莊、城鎮的人們不論身分高低，一起紓解日常煩悶，讓被壓抑的原始本能爆發出來的活動才對；可是在中古城市，有很多人不能參加這種祭典。反過來說，能不能參加祭典，也大致顯示了這個人在城鎮內的地位。

另一種地位的象徵，則是服飾。正如我們前面看過的，在中世紀的等級制社會，特定的衣服標誌了某人的身分地位。不只聖職者與猶太人有各自規定的服裝，就連諸侯、騎士和商人也都爭相誇示自己的身分，展現獨特的華美服裝。到後來，城市和邦國君主實在看不下去，便開始祭出規範服飾的法令。舉例來說，一四六二年奧格斯堡的市議員烏里希・迪特里希盜用了城市公款，但他並未被城市流放，而是被禁止穿著使用黑貂毛皮、絲綢、天鵝絨（veludo）、裝飾品、金、銀等過去誇示身分用的服飾裝扮；由此可見，禁止穿著特定服飾對當事人而言是比流放還重的刑罰。

---

* unehrlich，德語直譯是「不誠實、不正直」之意。

賤民身分的女子被禁止配戴珊瑚項鍊等高價物品，同時也必須穿著象徵特定身分的服裝。當然，工匠和學徒也都有對應的適用規定，但規範下層民眾的幾乎都是諸如「不許穿戴某某事物」之類的負面條文，比方說脖子上不許掛銀項鍊、披風上不許有銀扣環等等。此外，一四六五年史特拉斯堡（Strassburg）規定，三人以上的奴僕不許穿著同樣的圓帽、上衣、長褲及其他標誌性衣物。根據馬什克的解釋，這是為了防止奴僕間產生集體意識與行動（這種服飾規範一直持續到法國大革命都沒被廢除）。

從這裡也可以看出，這些學徒、奴僕等下層民眾之於市政當局，某種程度來說是種威脅。事實上，後來工匠們組成的工匠聯合（Gesellschaft），就和公會老闆與市政當局產生了激烈對立。早在一二五三年，萊茵城市同盟（Rheinischer Stadtbund）就為了確保城市內的和平，緊急規定全市擁有五馬克以上財產的居民都必須拿出一芬尼，做為提供貧民的施捨金。這份布告上清楚寫著「為了確保和平事業……」，由此可見在萊茵城市同盟眼中，下層民眾有著不可輕侮的力量。

不只是工匠，乞丐也有自己的聯合。乞丐在中世紀基督教社會是一種正面的身分，不像現在是讓人敬而遠之的負面存在。據馬什克所述，乞丐和貧民不同，被認定為一種職業人士，必須要有專門的職業知識，還要懂得各種花招，好博取眾人同情。從波希

（Hieronymus Bosch）所描繪的「乞丐的各種花招」來看，大家應該都能認同行乞真的是種不簡單的「藝術」，得付出相當的努力和才幹。這是「庶民的堅毅」這種半吊子的溫柔話語完全無法解釋的社會狀況；我們得以從這樣一個切面，窺見中古下層民眾的生活。相對於乞丐，貧民則是因謀生資金不足，必須忍受非己所願的貧困，簡單來說就是暫時處在這種狀態。

就像這樣，在這個社會裡，所有的身分都以各種階級之姿，被放置於明確的上下框架內；而各種身分之間，又不得不產生出屬於自己的橫向連結。結果就是除了眾所周知的鐵匠、木匠、製鞋匠、麵包師等聯合以外，還有經濟史教科書中幾乎不會出現的乞丐聯合、跛子聯合、盲人聯合、痲瘋病聯合、智能障礙聯合、妓女聯合等

接受施捨的乞丐（1507）

在帳篷前起舞的乞丐（布勒哲爾）

等。巴黎的乞丐聯合甚至有個「丐幫之王」（Royale Pétaud），日內瓦的妓女聯合也有自己的女王。

除了痲瘋病患，這些下層民眾幾乎都是在城市內組成自己的聯合，因此中古城市的居民總是一邊放任這些人在眼前晃蕩，一邊過著自己的日常生活。畢竟每個人多少都有點顛顛傻傻，也有點淫亂放蕩的成分，且不管是誰都有成為乞丐、瞎子、跛子的可能。因此中古城市的居民並不像現在這樣，把這些身負悲慘命運的人完全當成「他者」加以隔離，而是將他們置於目光可及之處，注視並守候著他們。

中古城市並沒有「回歸社會」這樣的概念存在，而是一個貧民、痲瘋患者、乞丐、盲人、妓女等各式人群存在於生活空間的社會。

在這裡，我必須順便提一下病人。和我們一樣，當時沒有財產的下層民眾，最擔心的事就是生病和死亡。死亡得花錢埋葬，而一旦生了病，就算多少有點積蓄，也往往會耗盡身上的錢。城市的醫院原則上只供具備市民權的人看病，下層民眾是不能進入的；從宗教和道德觀點來看，也就是收容那些獲選的少數人罷了。每座中古城市裡面大概只有一間醫院。在哈梅恩，雖然分院會救治病人和部分貧民，但他們的財政基礎也很薄弱，因此最後只能請求城市方面援助。結果，城市成立了類似聖靈兄弟團的看護團體。除此之外，十三世紀開始哈梅恩也設立了貝居安修道院（Beghinenhof），這是一種透過俗世宗教活動收容貧窮化的市民及其家屬的公益事業。貝居安修道院的入院資格為四十歲以上的婦女，這些婦女負責祈禱、勞動及看護病人等業務。該事業是為了救濟十四世紀以來在人口增加壓力下無法結婚、也無法獨立維持生計的婦女。就這一點上，它在市民間產生了某種程度的橫向連結，組織也日益發達。

然而不具備市民權的人們幾乎無法享受這樣的恩惠，所以工匠只能透過聯合組織彼此扶助。很少有規定要求工匠一旦生病，老闆需負擔照護的義務，所以工匠建立起相互扶助

Jer Bosche Inuent

Aux Quatre Vents

乞丐的各種花招（波希）

的制度，這樣的互助也包括了殯葬費用；從這點來看，這些工匠聯合在十五世紀時已經開啟了健保與壽險的先聲。

透過以上簡單的概觀，我們可以發現，中古城市一方面在既往等級制框架的反面萌生了金錢財力的基礎原理，出現一批累積偌大財富的上層市民；但另一方面，下層民眾的生活卻也日趨艱苦。通貨持續膨脹。譬如奧格斯堡在一四五九年遭到指控，儘管工資沒有下降，但過去一芬尼能買到的麵包，如今價格卻漲了十倍，導致一天工資只有十芬尼左右的貧民，連麵包都買不起。就這樣，城市社會產生了明顯的貧富對立；也因此，中古城市才會將「所有人」這樣的統稱，改為一般經常使用的「富者與貧者」。

這時的住宅已經有很多是出租的房舍。有錢人住在石造屋，貧民則住在狹小的房舍內；許多下層民眾棲身於陽光無法透進的地下室裡，其數量據呂北克的統計，在一五三二年占了總戶數的百分之十三。故此我們絕不能忘記，即使在「漢薩組織」的盟主城市呂北克的榮耀下，還有這樣一群生活在陰影之中的人們。即使到了今天，歐洲仍有很多地下住宅，裡頭的人只能透過高窗和鐵柵越過道路，看著行人的腳與貓狗的臉過日子。至於學生這類將來潛在的社會菁英，則只能寄住在屋頂的小閣樓。不過，他們至少還能夠透過小小的窗戶，望見家家戶戶的屋頂與晴空；住在地下住宅裡的人，只能讓陽光透過行人的鞋尖，零零星星地透進來。

那些過著這種生活的下層民眾中，嚐到最深苦楚的是誰呢？

受苦的寡婦與孩子們

不用說，當然是無依無靠的婦女，特別是帶著孩子的寡婦與未婚母親。在中世紀社會裡，成年婦女的數量比男性多。從人頭稅名簿等資料來看，一三八五年法蘭克福的人口大約是男性一千人：女性一千一百人，一四四九年的紐倫堡則是一千人：一千二百零七人，一四五四年的巴塞爾更達到一千人：一千二百四十六人的比例。由於持續的戰亂，造成許多成年男性死亡，再加上占人口頗大比例的聖職者必須保持獨身，使得沒能結婚的婦女相當之多，未婚母親與寡婦數量也比想像的更多。

她們因為沒有市民權，所以不可能成為老闆或加入聯合，就連學徒或一般被視為賤業的刑吏、獄卒、剝皮人等職也無法擔任。她們不像這些賤民，是因為職業或身分的緣故而被迫居於下流；她們的存在本身，就是這個社會不能正面看待的理由。

她們會被列為賤民，不只是因為她們在等級制原理下屬於失去配偶的一群，也是因為她們既無財產、又被剝奪工作機會，所以被金錢財力原理排除在外。儘管呂北克從十三世紀以來因為婦女占人口比例甚大，所以規定寡婦也能進入公會，但這畢竟是例外。包括巴黎和科隆之類的城市，幾乎所有公會都禁止婦女參與勞動。

眾所周知，不只是下層婦女，中世紀婦女的地位普遍來說都相當低。從婦女的法律地位來看，中世紀社會的婦女不僅完全沒有自由，也沒有法律人格，因此完全不能在公共領域登場。確實，在十二世紀的法蘭西出現過極其例外的女性政治家，而中古騎士精神也宣稱重視婦女，還把婦女描寫成弱不禁風、纖細，一遇到粗野行為就會昏厥、楚楚可憐的存在，但想當然耳並非事實。正如文化史學者約翰尼斯．布勒（Johannes Bühler）所述，為華麗的騎士比武和儀式獻上花朵的高貴婦女，和騎士結束比武後在家一起生活的婦女完全是兩回事；那樣的婦女不過是騎士戀愛遊戲的對象罷了。王侯貴族經常毆打婦女，教會也屢屢貶低婦女的地位，而魔女也正是因為「女性」這個性別，才被冠上罪名。為騎馬比武增添色彩的女性，在中古晚期不過是裝飾品，婦女無論在教會還是家庭都沒有發言權。瓦爾茨胡特的判決紀錄上甚至寫著，當丈夫被處以罰金卻沒能力支付時，可以拿妻子的貞操做為償還。

即使是社會身分高貴的婦女，實際情況也不過是如此，那麼在法律或經濟面都居於低下地位的婦女，特別是寡婦，也就可想而知；而且她們的數量出乎意料的多。一四二九年巴塞爾市的稅賦記錄簿中，這群婦女被列入「未加入聯合者」這個項目。以巴塞爾最貧窮的摘葡萄工聯合來看，其中百分之三十六的成員只有十盾的微薄財產，而這些被記載在稅賦記錄簿末尾者繳納的稅額，和未加入聯合（但有辦法獨立營生）者相比，整體而言大約是他們的百分之六十。另一方面，未加入聯合者一共有四百八十四人，其中婦女占了百分之六十。

婦女們從事著沒能組成聯合的各種事務，多半靠日薪零工，特別是幫毛織品業打雜來維持生計。一四七五年的維斯馬（Wismar）有五百七十七間住屋、一千兩百七十八間小屋、一百七十七戶地下住宅、十九戶地下小屋；在這當中，婦女（寡婦）占了總戶數的百分之七・八，但她們居住在小屋與地下住宅的比例卻高達百分之二十六・二。從哈梅恩也設立了貝居安修道院這點來看，這樣的婦女絕對多到難以想像。

這些衣衫襤褸，當同輩太太們炫耀自己丈夫、口出惡毒閒話時只能忍氣吞聲硬撐過去，還要不時被男性好色眼光騷擾、一輩子只盼著孩子長大的婦女，她們又是帶著怎樣的心境，日以繼夜糾結不已呢？

有丈夫的婦女即使是日薪零工，當丈夫回家吃午餐時，也能用每天的薪水準備晚飯；可是沒有丈夫的婦女，她們腦中能思考的就只有下一餐到底在哪裡。她們早上只能喝點湯、吃片粗麵包，要是能有碗粥可吃就謝天謝地、健康滿足了。到了晚上她們還穿著白天的衣服，躺在草床上倒頭就睡，然後在一片漆黑中迎接另一個非得工作不可的早晨到來。

然而德意志中古城市的日常生活裡，並沒有像我們日本現在這樣，有著一堆讓人東奔西走、忙到喘不過氣的工作可做。儘管她們只要有工作就會欣喜若狂地去做，但實際上工作相當難找。奧地利歷史學家弗里德里希·赫爾（Friedrich Heer）就認為中古後期德意志城市的衰退，其實是婦女的龐大勞動力被男性驅逐的後果。若是在商業發達的大城市，還有很多很多雜活可做，但在哈梅恩這種小城市裡，能找到工作就算是大新聞了，其他多半只是些屈辱的經驗。因此，這些貧民有很多都只能仰賴施捨過日子。

同樣在下薩克森，規模和哈梅恩截然不同的哥廷根市（Göttingen），在十五世紀每年舉行三次祭典，當時為領取施捨而聚集的貧民，包含應是來自市外者，人數總計達到三千人；即使到了十五世紀中葉，也還是有超過一千六百人的紀錄。從當時城市的人口結構考量，這個數字實在大到驚人。說得更精確點，整個城市大約有三分之一的人口認為自己是「貧民」；而在這當中，又有許多是必須獨力撐起家計的寡婦和未婚母親。

如同前面的敘述，下層婦女是不被允許參加祭典舞蹈的。當同年紀的男女戴著閃閃發光的首飾笑語晏晏，在熱鬧的城鎮盡情享樂歡鬧時，她們卻只能在遠離舞樂聲響的地方聽著，一邊尋求施捨而東奔西走。不管在社會、經濟還是精神上，這些婦女都飽受歧視，這樣的情形一直持續了好幾個世紀。

她們唯一的希望或許是孩子，但這些孩子的將來也是一片黑暗。孩子打從生下來的那一刻起，就得面臨生命的危險。因為墮胎，連太陽都不曾見過一眼就被埋入黑暗之中的嬰孩數量多不勝數。一五三二年，由德意志第一（神聖羅馬）帝國哈布斯堡王朝皇帝卡爾五世所頒布、也是德國歷史上最早的刑法法令集《加洛林納刑法典》（*Constitutio Criminalis Carolina*）（第三十五、三十六項）中規定，對墮胎者應禁止拷問乃至處死，但在蘇黎世還是規定殺害嬰孩應處溺刑；也有其他地方規定犯下此罪應睡釘床，或處以活埋之刑。儘管刑罰如此嚴格，但可以想見，被埋入黑暗中的嬰孩還是不少。即使平安生下來，能長大成人的也不多，平均二十名孩子只有一到兩人能存活。因此，不幸的夫婦相當之多。

紐倫堡的市議員康拉德．龐卡特納共生了二十一個孩子，但當他在一四六四年過世時，只剩下五個兒子與四個結婚的女兒。奧格斯堡的編年史作者布克哈特．琴克在第一段婚姻生了九個孩子，但其中六個幼年夭折；當他第二次結婚之後，跟情婦生了兩個孩子，但其中一個孩子剛生下來就死了；第三次結婚又生了四個孩子，但也只剩下兩個存活。從這個例子可以看出，不只幼兒的死亡率很高，母親的死亡率也很高；死於產褥熱的母親非常多。

那時候並不像現在這樣知道節育，所以大家都很多產，名畫家杜勒（Albrecht Dürer）的父親就生了十八個孩子。德意志第一（神聖羅馬）帝國盧森堡王朝皇帝卡爾四世生下皇太子文策爾的時候，曾經將和孩子等重的十六馬克黃金，從紐倫堡一路贈送到阿亨（Aachen）；雖然因為是皇帝才能如此豪奢，但也可以看出對大多數人民、特別是下層民眾來說，孩子的誕生是一筆相當沉重的經濟負擔。生孩子時，需要請產婆或附近的婦女來幫忙；生下孩子之後，還要找受洗時作保的教父，並支付神父洗禮的酬金，總之得花上各式各樣的費用。沒錢的人只好去找猶太人借錢，結果因此負債累累，有很多人更因為這樣連房租都付不出來。特別是洗禮，在中世紀不只是家族儀式，更是公共性質的活動，因此非花上大筆費用不可。一切就像紐倫堡中古時期名歌手漢斯．佛爾茨（Hans Folz）所吟唱的，「如果沒有足夠的錢，還是別結婚吧！」

簡單說，這個時代對孩子們而言是相當嚴苛的時代。就算是有錢人家的孩子，也是用粥、牛奶、穀粉餵養長大，在下薩克森地區則是很早就開始吃固態食物。此外，當時也沒

孩子眾多的夫婦（奧格斯堡，1539）

有什麼玩具，根據留下來的紀錄，女孩子頂多有個娃娃，男孩子則有吹箭、騎士人偶、竹馬、風車就不錯了。但就算沒有玩具，孩子們也還是可以遊玩；十五世紀德意志版畫家麥克南（Israhel van Meckenem）的畫中就呈現了當時孩童嬉戲的畫面。

到了學齡期，城市的孩子們會去上學；在這裡，他們會學習手工業者所需的讀寫與計算。學校老師的薪水一部分是由城市支付，其他則由學生按月繳納，不過整體而言相當微薄。在法蘭克福，請一位老師的代價相當於請一個傭兵，這對貧困的父母來說自然是很大的開銷。一三五〇年布列斯勞（Breslau）付給校長的酬金是每三個月兩盾，助手則是每周一第納爾。助手每周一會收取學費，然後每三個月的休假日會向大家各收一第納爾。從加祿利（Garelie，十月十六日）到瓦爾普吉斯之夜（Walpurgisnacht，五月一日）為止，學生必須提供每日的薪柴，在彌撒和遊行（procession，後述）的時候還必須帶蠟燭。城市的下層民眾承受不了這樣的負擔，所以他們的子弟大多也沒去學校就讀。

另一方面，中世紀的孤兒院與收容棄嬰的育幼院（findelhaus）在哈梅恩並無存在記錄。德意志西部的特里爾（Trier），有最古老的孤兒院（七世紀），其次則是法蘭克福、烏爾姆（Ulm）（一三八六年）。育幼院於一三三一年首先出現在法蘭克福，一四七三年埃斯林根也設立了類似機構。不過想當然耳，孤兒與棄嬰的數量不會少；即使在埃斯林根這種小城市，十六世紀也收養了四十到六十名棄兒，同一時期的烏爾姆則收容了將近兩百名孤兒。至於在沒有這些設施的城市裡，孤兒和棄嬰則得仰賴城鎮人們的施捨，過著乞討的生活。因此占城市人口相當比例的下層民眾，他們的孩子實際上還是無法翻身。

雖然關於下層民眾子弟的史料幾乎是一片空白，要描繪出具體形象相當困難，但關於城市上層市民與貴族子弟，倒是留有各式各樣的紀錄與處世教誨，讓我們在某種程度上描繪出他們的日常生活樣貌。貴族子弟打從一開始，和城市市民子弟的教育就截然不同：比起讀寫和計算，他們更重視傳統社交的遊戲、樂器演奏、狩獵、騎馬、武術等項目；這些

貧民的孩子們（奧格斯堡，1539）

通常都不是在學校，而是一邊侍奉宮廷，一邊讓自己逐步習得這些能力。

話又說回來，城市上層市民子弟的初級教育，在本質上和一般庶民子弟並無太大的差異。根據一四四一年雷根斯堡（Regensburg）的紀錄，學生在遠足時會折下榛樹樹枝，用來當作鞭打自己的鞭子；學生受罰時會被綁在柱子上接受鞭打，並由其他的學生在旁邊唱數。文化史家艾爾文·舒茲（Alvin Schultz）就以此為典型的例子，認為懲罰一般而言相當嚴厲。另一方面，面對教師嚴厲的懲罰，學生也會報以同樣等級的胡作非為。

比方說德意志木刻版畫家漢斯·伯格邁爾（Hans Burgkmair）《喧鬧的學生》一

作中可看見撕破的書本丟得滿地，有的學生手揮學校的鞋子，其他學生則揮舞筆箱或拿石板當武器。其他例子還可參見著名尼德蘭畫家布勒哲爾（Pieter Bruegel the Elder）的版畫《學校的蠢驢》（*De ezel op school*），裡面有著形形色色姿態怪異的學生，每個人手上都拿著書本或文件。不過就算是門外漢，也會發現這些學生的臉有點怪異，因為他們不管怎麼看都像是陳腐的老人；所以這幅畫的主題，恐怕是在諷刺大人世界。

布勒哲爾另外還有一幅名為《嬉戲的孩子》（*Die Kinderspiele*）的畫，畫裡的孩子臉頰圓潤飽滿，應該就是貨真價實的孩子。只是他們的眼神與表情，和現代電視裡商業廣告會出現的那種孩子有著決定性的差異。那種靜靜凝視、

學校的教師

喧鬧的學生（漢斯．伯格邁爾）

學校的蠢驢（布勒哲爾）

不發一語、悶悶不樂、惹人憐愛的感覺，可說是描繪出了孩子們純樸的世界。雖然不過就是個單純的孩子，但這種孩子和現代的孩子之間，還是有著莫名的隔閡。

現代的孩子從父母與社會組織那裡取得了屬於自己的領域，他們只要在這個框架中遵照外界的指示與規定，扮演好孩子的角色，就會得到「好可愛、好乖」的評價，從而確保自身的存在。但在中世紀或布勒哲爾的時代，並不像現代這樣有外界和社會組織給予孩子一個框定好的領域。孩子不管是嬉戲或取鬧，都必須從大人的世界奪取一塊自己的天地。不管在家庭、學校或道路上遊玩，他們都被一股腦兒扔進由大人構成的社會整體之中。

布勒哲爾的《農民的婚禮》（*Die Bauernhochzeit*）左邊描繪的孩子穿著和大人一樣的服裝，還戴著一頂遮住眼睛的大帽子；而在他的傑作《雪中的獵人》（*Die Jäger im Schnee*）裡，站在火堆旁的孩子也散發出一股堅毅之氣。孩子在這個時代被視為是「獨當一面的小大人」，父親一旦死去，就要馬上成為一家之長、一族之首，至於女孩則是八歲就要嫁人。整體來說，中世紀是個對孩子相當嚴苛的時代；繪畫與版畫中孩子們的眼神與表情，正清楚訴說了這一點。

身處和大人同樣嚴苛條件下的孩子，在大人不得不捨棄故鄉遠赴德意志東部、從城市逃亡、過著在飢餓困頓時不得閒、喘不過氣的生活時，他們小小的腦袋與身體也難耐這樣的苦楚，於是只能沉浸在「忘我的世界」中不住地舞蹈。光憑這一點，就足以稱得上是充分的導火線了。

兒童十字軍、舞蹈行進、遊行

身處在嚴酷的社會及自然環境，沒有任何保護的中世紀孩童，當他們再也忍受不了這種重擔的時候，便會做出一些現代人難以理解的行動；其中最著名的，大概就是「兒童十字軍」了。

一二一二年五月，一名出身法蘭西奧爾良克魯瓦地區的牧羊少年史蒂芬出現在聖德尼的法蘭西國王腓力二世（Philippe II Auguste, 1165-1223）面前，告訴國王：「當我在放羊時，基督出現在我面前，要我趕赴十字軍的行列。」儘管國王對此充耳不聞，但少年四處傳播勸說，不久便聚集了數千名少男少女。年輕的神職人員與朝聖者也加入其中，同時代人甚至誇張地形容「為數達到三萬人」。這些少年少女一路行進到馬賽，在那裡搭上兩名商人的運輸船，之後便下落不明了（參照第一一五頁地圖）。據十三世紀以誇張筆法著稱的作家、特魯瓦—豐泰內斯的阿爾伯里克（Alberic de Trois-Fontaines）所言，這些孩子在非洲沿岸被當成奴隸賣掉了；當然也有這個可能性。

同一年（一二一二年），德意志也出現了兒童十字軍。在科隆有一名十歲少年尼古拉斯自稱摩西，四處勸說進行十字軍遠征；他集結了許多少年少女，分成兩隊越過阿爾卑斯山南下，同年八月抵達熱那亞。根據熱那亞的編年史作者所述，尼古拉斯的隊伍「為數高達數千人」，除了年輕人外也有成年男女；這些成年男女，大概是隨身看護子女的父母吧。在熱那亞，有相當多的孩子離開了隊伍，剩下的孩子因為不夠資金搭船，被熱那亞當局命令離開，於是從陸路經安科納抵達布林迪西。然而不管在熱那亞或是比薩，大海都沒有像尼古拉斯所承諾的那樣，從中間一分為二。於是他們在布林迪西被主教勸說返國，兒童十字軍的遠征也就此夭折（參照第一一五頁地圖）。

有人問回到故鄉的孩子，「你們到底打算做什麼？」結果某個孩子回答，「我自己也完全不知道。」

要「解釋」這種現象的方法有很多很多，但追根究柢，答案當然還是在這個時代裡，孩子們所處的社會與心理狀況。

離哈梅恩東南方大約兩百公里外的埃爾富特，在一二三七年有很多孩子（據當時誇張的描述，為數達一千人之譜）一路唱著「使徒差遣我」忘我地跳著舞，走向十四公里外的阿恩施塔特（Ahnstadt），然後在疲勞之際一一倒下。從阿恩施塔特那邊得知消息的父母急忙趕來，用貨車把孩子載回去。這起事件的背景除了馬汀．威勒的研究外完全沒人提及，所以無法充分釐清，但在稍早的一二三二年，在埃爾富特有四人因參與「異端的旅程」而遭火刑；一二三五年，以虔誠信仰與救濟貧民名聞遐邇的圖林根侯爵夫人伊莉莎白（Elisabeth von Thüringen, 1207-1231）獲得封聖——聖伊莉莎白（Heilige Elisabeth）；⑭第二年，她的遺體更被奉祀在祭壇。這一連串的事件，可以視為這次埃爾富特事件的直接導火線；換句話說，即是一種異樣的宗教亢奮。伊莉莎白被列為聖女的慶祝儀式，據說一共持續了十天。

被眾人公認容易激動的圖林根人，他們對聖伊莉莎白的敬慕之心到了相當駭人的程度，不難想像當時的亢奮與激昂究竟有多高；據說甚至有人切下了聖伊莉莎白的乳房，把它當成聖髑供奉。不用說，這種亢奮自然也會感染給孩童，但是在這種宗教亢奮的深處，其實可以看出當時的人們、特別是一般庶民鬱悶的日常生活，以及濃烈的疲憊色彩。

話又說回來，少男少女的十字軍也好、埃爾富特的孩子們跳到累倒的遊行也好，在當時的社會都不是什麼特別出奇的事。被史書記錄下來並為我們所知的這一連串事件，其實

村中的祭典（丹尼爾・霍布沙）

是反映了城市和農村一年舉辦好幾次的年中活動——祭典。

中世紀有著今日難以想像、為數眾多的祭典，其形態就本質而言，屬於一種「遊行」（procession）。當然，這種遊行原本是教會的習俗，隨著城市、地區而有名稱與時間上的差異，但不管哪個城市，在主要教堂的獻堂式那天，都會舉行盛大的祭典，鄰近地區的人們也會雲集，一連好幾天沉浸在各式各樣的娛樂當中。村中教堂的獻堂式祭典，對村人而言是最大的娛樂，他們常會豎起五朔柱（Maibaum），並圍繞著它唱歌跳舞。到了十四、十五世紀，還會有各地商人集結而來擺設攤位。人們與其說是為了教會而來，更多是為了享受跳舞的樂趣而來；也有人會手持武器和大鼓，簡直就像要出戰般地喧鬧集結。事實上這時候常會發生集團鬥毆，最後年輕人往往是流著滿頭血回到家裡。

在法蘭克福，每逢守護葡萄的聖人烏爾班之日（五月二十五日），相關人士就會高舉用鮮花和葉子裝飾的聖人畫像，伴隨著熱鬧的音樂沿街遊行。在聖體聖血節，以及法蘭克福遭受洪災（一三四二年）時，人們也會上街遊行。抹大拉馬利亞的祭典也是豪華絢爛至極。至今天主教各國仍會舉辦聖體遊行，但除了這種教會常態儀式之外，也有臨時性的祭典，而且主要的形式也是列隊遊行。

在主日彌撒或歌彌撒舉行的日子，人們上午會停止工作，做生意的人也會關店前往教堂。歌彌撒主要的型態同樣是隊列遊行，人們會拿著長長的蠟燭，在城鎮內遊行。這是祈求禳除種種不幸的戰爭、災害、疫病的儀式，也是感恩節的起源，因此經常舉行。在十五世紀的法蘭克福，一年要舉行十二次這樣的儀式。至於葬禮，當然也要舉辦盛大的遊行。

除此之外，平常還有人們自發性的朝聖，在十四世紀稱為「苦路巡禮」，十五世紀則稱為「聖髑巡禮」。這種朝聖是在生病、天候惡劣、歉收、戰爭及其它不幸事件發生時舉行，路徑大部分是固定的。如前所述，哈梅恩也有前往各各他的小教堂拜苦路的習慣。

話說回來，祭典原本就是順著庶民生活的節奏而誕生的事物。從上古時期日耳曼諸部族還處於游牧生活型態時，他們就會以牧畜為中心舉辦祭典，隨著夏去冬來而遷徙；即使之後定居下來從事農耕，祭典也是構成當時生活的重要節奏。

野放家畜的儀式之日是一年的開始。這樣的儀式在何時舉行，由氏族考量天候與其他條件共同訂定。為了決定野放儀式的日子，氏族們會召開「三月原野集會」，那時大家會集結起來一起吃飯，並討論裁決各式各樣的議題。每到這個時期也會開設市集，是一年一度的盛大祭典。由於祭典的時間是受氣候所左右，所以在阿爾卑斯山以南是二月底召開，在北方各國是三月和五、六月左右，至於瑞典等北歐國家則是在夏至舉行。

此外，冬天的開始也是生活中重要的大事；到了這時，家畜必須從夏季牧場返回，戰士必須帶獵物回家，家庭主婦則必須將收穫加以整理。由於冬季飼料並不充分，所以不能帶著所有家畜過冬；同時為了確保冬季食糧，必須宰殺大量的家畜。這時人們就會準備豐盛的宴席來慶祝，同時大量食用肉類，以迎接嚴冬的到來。雖然這天的日期也不確定，不過大致是由做為豬飼料的櫟實是否充裕來決定。中世紀初期法蘭克王國卡爾／查理大帝（查理曼）的《皇家領地令》第二十五條就規定，「莊園總管應於九月一日上報，做為豬飼料的櫟實是否足夠。」（上原專祿《德意志中古的社會與經濟》，二〇〇頁）在這天接獲櫟實數量的報告後，才能決定究竟要宰殺多少家畜。其日子也是因地域而異，後來統一定在十一月三十日。這一天也是農奴要繳納豬隻等牲物做為貢賦的日子。

德意志會在春分（三月二十一日）後第一個滿月後的星期日（三月二十二日到四月二十五日之間）舉行復活節祭典，九月二十九日則舉行聖米迦勒祭典；這兩個節日原本是古日耳曼部族流傳下來的春之祭與收穫祭，後來變成一種結合熱鬧宴會及娛樂節目的慶祝儀式。

就像這樣，祭典與日耳曼部族自古以來的生活節奏密不可分；它們是庶民日常生活憂煩與疲憊的宣洩出口，也是庶民能量大爆發的契機。正因如此，自基督教傳入以來，教會當局與庶民之間環繞著祭典的實質內容，不斷展開無聲的激鬥。

基督教會致力於將這種隱藏在祭典深處的古代異教傳統加以杜絕，為此他們不惜代價，付出種種努力。但古日耳曼部族時代以降的祭典，全都和市集與審判日緊密結合，要杜絕祭典幾乎是不可能的事。對此教會想出的方法，就是加以制約日耳曼部族自古以來做為祭典核心的宴會活動。就算不是古日耳曼人，如果限制食物和飲酒，那還稱得上「祭典」嗎？可是基督教會對此異常執拗，硬是要在古日耳曼部族時代以來的祭典當中插入四季的齋日（嚴格禁欲三日），審判集會也要在這三天舉行。

就這樣，聖灰日（復活節前四十六日、四旬節的開始）、聖靈降臨日（復活節後四十九日）、聖十字架日（九月十四日）、聖露西亞節（十二月十三日），分別被插進三月、五到六月、九月、十二月的古老部族節慶之中。

結果，人們為了避開陰鬱的齋日，只好挪一挪時間，把自己的祭典移到齋日前後。就這樣，基督教的祭典與異教的原始祭典接連舉行，從而在異鄉人眼中產生了異樣的雙重性格。不只如此，教會還規定四季齋日之後的星期三、星期六也是齋日，換言之就是讓大口吃肉大口喝酒的異教祭典，在每周當中不能持續三天以上。復活節設在四月初，將古老的三月原野集會用澈底且嚴格的齋日加以切斷；原本做為冬至祭典的聖誕節，在它前面幾天也設下了齋日。聖靈降臨節後的兩周一直到聖彼得與保羅之日（六月二十九日）為止曾經是使徒的齋日，基督升天節（復活節後四十日）之前則是祈禱的齋日。

就這樣，大口吃肉飲酒的古老部族祭典在齋日的強力制約下，和教會的祭典間呈現出奇妙的矛盾；但隨著基督教傳播，這些節日被納入教會曆後，就被看做是相同事物了。

然而，就算在這種情況下，長久流傳的部族祭典仍未失去其形態，其中的代表就是四旬節與聖約翰祭。

四旬節與聖約翰祭

四旬節原本是復活節前四十天的大齋期，但以民族祭典來說，它一開始其實是驅走冬天的春之祭。源自三月原野集會的這個祭典，硬是碰上了教會最嚴格的四旬節；結果原本屬於民族祭典的春之祭被挪到四旬節前，得在四旬節前的三天慶祝。這三天被稱為狂歡節（Fastnacht），也就是今日聞名的嘉年華（carnival）。在進入四旬節被迫嚴格禁欲之前，人們大口吃肉喝酒跳舞。舒茲說得好，「人們就像沒有明天般地大吃大喝、就像不會再有第二次機會般地盡情遊玩享樂，彷彿在今天之內就要在所有事情上，獲得至高的滿足。」在這三天內，全德意志彷彿化為愚行與瘋狂騷動的大熔爐，男人扮女裝、女人扮男裝跳舞，不變裝的人也用鉛丹和顏料塗上濃豔的妝，打扮成惡魔與惡靈，還有些人全裸四處奔跑。十六世紀德意志思想家塞巴斯蒂安．弗蘭克（Sebatian Franck）就寫下了這樣一段話：

> 這個祭典讓人們的心情獲得了充分紓解。槍、競技、舞蹈、四旬節遊戲……有錢人在星期日、庶民則在星期一舉行祭典；總而言之，到了這個時候，各種惡作劇與排解壓力的舉動統統出爐。既有人完全不覺羞恥地裸體四處狂奔，也有人就像動物一樣四

肢匍匐在地。有人扮裝成白癡，也有人打扮成修士與國王；在這個祭典裡，他們也是惹人發笑的泉源。有人踩在附有翅膀、嘴巴長長的高蹺上模仿白鸛，也有人扮成熊、粗野樵夫或是惡魔。甚至有人扮成蒼蠅，拿著剛拉出來的大便邊走邊跟它接吻……也有人打扮成猴子、穿著愚蠢至極的服裝；每個人都做出和裝扮完全相應的舉動，彷彿自己真的就是那副模樣。

烏爾姆在四旬節前有個習慣：這一天進到家裡的人要是沒說「我已經得到出入許可」的話，就會被抓起來，像犯人一樣雙手被綁在背後，由一頭山羊牽著，在城中四處遊行。

布勒哲爾和波希所描繪的各種繪畫，也和四旬節前的瘋狂騷動脫不了關係。像這樣的瘋狂騷動，就算是聖職者也無法超然事外。十五世紀德意志教士哥查克・霍蘭（Gottschalk Hollen）就說，「在明斯特主教區，有十個戴面具的扮裝男子闖進正在做禮拜的教堂，還侮辱做彌撒的神父。他們把一芬尼的奉獻金改成了一片麵包皮，還唱起歌來嘲弄神父。」霍蘭以警世的口吻斥責「這些人後來受到天罰，全都早夭」，但這樣的例子在奧斯納布呂克（Osnabrück）等地也不斷發生，最後搞到市政當局下令禁止扮裝行為。

徐瓦本地區的村落巡禮（1500年左右）

進入四旬節後，飲食就必須有所侷限了；整整四十天都得過著沒有肉、牛奶、起司、蛋、油脂（豬油）等食物的日子。就算餓肚子，也只能吃豆類和水果。可是這種情況也未必就得嚴格遵守；一四七八年，教皇就曾允許法蘭克福市民，四旬節期間除了耶穌受難周外，可以食用蛋和起司。紐倫堡在一四四四年也得到教皇尤金尼斯四世允許，四旬節期間除了星期五以外的日子，向醫院提供一點捐獻，就可以食用奶油。四旬節開始的聖灰日，人們會向教堂灑灰表達懺悔之意，但據德國人文主義者約翰．波西摩斯（Johann Bohemus）所言，法蘭克地區在這一天有個奇妙的習俗。

該年加入舞蹈的年輕女孩，會在這一天集結在年輕男孩身邊，代替馬匹拉起一道犁，讓男孩站在犁上吹著笛子跳舞，一路衝進河川或湖泊。波西摩斯認為之所以如此，是為了彌補在祭典期間打破教會禁忌、輕薄嬉遊的過錯，但這個主題和「吹笛手與一百三十名孩童的失蹤」傳說，在本質上或許是相通的。

就算在四旬節期間，伴隨著祭典而來的騷動與列隊遊行，還是會以別的方式展開。據波西摩斯所言，四旬節期間年輕人會做出象徵死亡的稻草人，把它綁在棒子頂端，大聲吆喝著把它運往隔壁村子。在那邊會有一些住戶友善迎接，提供他們牛奶、豆類、燒烤過的水果享用，好讓他們恢復精神；但也有些住戶討厭這種舉動，會拿著武器威脅他們滾開。另外，也有不少年輕人會將古老的木製車輪裹上稻草，一起扛著它登上高山，在那裡喧鬧一整天；到了傍晚時分，便把車輪點火，從山上推下去。那景象看起來，簡直就像是太陽或月亮從天空中墜落一般。

在聖枝主日（復活節前的星期天），載著耶穌像的木雕驢馬也會加入遊行；偶爾上面還坐著人，表演耶穌前往耶路撒冷的情節。就這樣，即使是宗教活動，祭典伴隨的惡趣味也沒有因此消失。前面提到的《齊默恩編年史》記載，在隊伍前方舉旗的男子，會在旗桿的最頂端掛上一塊褲襠布料，讓它隨風飄揚。

這樣的惡作劇當然並非犯罪，但在復活節前的受難周，隨著人們開始再三懺悔，更糟糕的事也不斷發生。手持鐵鎚、石頭、棍棒、手杖、木槌的群眾，在預先熄掉所有教會的燈燭後，便趁著一片漆黑，朝倒楣的猶太人展開襲擊。為了準備這場「惡作劇」，人們會從平常就開始準備自己的道具。在鬱悶而疲憊的日常生活中不斷忍受屈辱與赤貧的庶民，為了這天的襲擊猶太人行動而開心地悄悄準備道具，這其實也是一種為鬱悶找尋宣洩出口的方式吧。

每當人們把耶穌受難的苦掛在嘴邊，對猶太人的憤慨話語就愈層出不窮。耶穌的受難投影在他們的日常苦楚，就是放高利貸、讓他們每天活在嚴苛環境的猶太人；背叛耶穌、迫害耶穌的那群猶太人，和這些高利貸業主的形象澈底重疊。在這種情況下，被迫坐針椅、遭毆打、甚至被殺害的猶太人為數眾多。一三三六及一三三八年，都爆發了大規模的狩獵猶太人行動。在史特拉斯堡，甚至是由公會帶頭號召群眾。雖然猶太人因為放高利貸而招致貧民仇恨，但在他們的背後，其實是拜此之賜坐享暴利的皇帝、諸侯、城市貴族及市議員；然而一般庶民與下層民眾看不到這點，只會對眼前的猶太人宣洩平日的怒火。

這種看似折磨猶太人的精神狀態，絕對不是只針對猶太人。在等級制森嚴的中世紀社會，每個人的身分地位都相當分明；透過服裝和打扮裝飾，馬上就能看出這個人的身分。因此，身分低下者的特徵及鄰居的身體缺陷等等，就經常成為眾人嘲笑的對象，藉此釋放自己內心的煩憂。

祭典上演的喜劇，大多是這類嘲諷的鬧劇。嘲笑的對象從禿頭、殘廢、農夫、老女人、鄉間風俗乃至於鄰居的不幸，不一而足；不過，這種嘲笑的方式頂多只是誇張粗俗的謾罵，乃至於用拉屎放尿之類的方式把人描寫得宛如動物，說穿了終究只是戲而已。也就是說，人們內心還是有個原則，那就是這些被嘲笑的人，仍然跟我們一樣都是人；相較之下，猶太人的背後有著高利貸和政治權力，所以對他們的攻擊就不只是單純開玩笑了。但說到底，並不是所有猶太人都在放高利貸，因此大部分的猶太人，只不過是中世紀庶民宣洩統治權力怒火的代罪羔羊罷了。

比起四旬節，有著更濃烈日耳曼部族色彩的是聖約翰祭。在這天（六月二十四日），德意志的所有村莊城鎮都會點起營火，人們不分男女老少聚集在火焰旁，一邊唱歌一邊跳舞。這個祭典原本是夏至的祭典，在基督教傳入後仍保留了先前的原始宗教型態，直到十四、十五世紀，依舊可以從中觀察到古日耳曼異教習俗。人們用魁蒿和馬鞭草編成花環，手裡拿著飛燕草；據說若是能從花間看到火焰，一年之內眼睛就不會生病。然後他們會將花束投入火焰中，祈願「請將我的不幸全都燃燒殆盡」。在維爾茲堡（Würzburg），主教的僕從會點起營火，用木製的圓盤熟練地引火，然後將它拋入麥茵河；那景象看起來，像極了全身被火焰包覆的龍。

對夏至火焰投注人們的希望與祈求，其實是印歐語族共同的習俗；特別是有關異性間的愛情、結婚，新家庭的建設等等，都會對火祈願。如前所述，范恩論述的重要主題「集體結婚儀式」，就是在這種契機下產生出來的。

這天也是男孩子獨當一面、長大成人的日子，中古城市的公會也選擇這一天做為收納新學徒、工匠獨立開業、升格為老闆的日子。城市賦予市民權的日子也選在這一天。《尼布龍根之歌》（*Nibelungenlied*）的主角——年輕的齊格飛，他的成人儀式也是選在夏至，因此廣為人知。就連騎士世界也選在聖約翰日集結年輕的見習騎士，並賦予他們正式成員的資格。

這種確認自己所屬的命運共同體、亦即肩負族群命運的下一代子嗣的成人慶祝儀式，絕對不是外來事物所能輕易塗抹改變的。基督教會不斷努力，希望將先前的古日耳曼部族傳統儀式基督教化；但就算如此，當「焚木」點起、火焰高高燃升時，沉眠在人們靈魂深

圓環舞（伯格邁爾），在夏至時經常舉行。

處最原始的情感也跟著爆發而出。人們狂熱地跳舞，在城鎮裡四處遊行；在這種亢奮的深處隱藏的，是被歧視的日常生活，以及平日鬱悶的情感所造就的百感交集。在祭典這天，當他們大口吃著平常不可能享受的豐盛美食、喪失自制心的同時，那股內心的不滿也會在陶醉狀態下，隨著忘我的舞蹈與遊行澈底流洩出來。

就連聖職者也不例外。不管是神父還是輔祭，全都帶著亢奮的情緒敲響大鼓與定音鼓，召開宴會，在家裡與道路上忘情狂舞。據說還有某位神父在吃飽喝足後像發神經一樣跨上驢子，在村裡和路上四處遊蕩，最後騎著驢子進入教堂，向坐在裡面的人們痛快潑水。

因此，在一四〇七年的維爾茲堡教會會議做出了決議，禁止這種對教會的褻瀆行為。這類例子在德意志全境屢見不鮮，比方說一四九七年，波羅的海南濱的瓦爾米亞主教區教會會議就有如下的抨擊：「在祭典時節，某些人會頭戴主教帽、身穿主教服、手拿主教杖，在教堂內外為人施福，引得眾人哄堂大笑。還有些人會在教堂裡面或前庭擺起攤子，買賣商品。」雖然這些可以解讀成「有識之士」體認到宗教改革已不可避免而提出批判，但這樣的事態確實是在祭典的亢奮情緒中才開始呈露其端倪。

這類的祭典從待降節的第一主日（最靠近十二月一日的星期日）開始，一年中幾乎不曾間斷。從人們在祭典中獲得一時解放的狂喜，正可看出在漫長的中世紀社會壓迫下呻吟的他們，平日裡究竟是過著怎樣的苦日子。

這類祭典的本質是成群列隊的遊行，因此從另一個層面來看，也稱得上是對統治階級的一種大規模示威運動。也正因如此，教會和庶民之間不斷為了遊行主導權展開無聲的爭鬥。在庶民祭典的狂喜亂舞與陶醉之際，隱藏著爆發式遊行與進一步升溫的可能性，因此為了與這類祭典對抗，教會一方面禁止舞蹈，另一方面又以升天節與聖體聖血節等豪華絢爛、充滿威嚴的列隊遊行與之抗衡。

儘管教會做了這麼多努力，但據十九世紀史家克里格（Georg Ludwig Kriegk）所言，就算是理應嚴肅的遊行，不把它當成純粹敬神之舉的人還是很多。許多人（甚至包括聖職者在內）在隊伍中恣意聊天、大聲歡笑、盡情戲耍，還彼此咒罵。一三七二年法蘭克福聖母教堂（Liebfrauenkirche Frankfurt）就制定了戒律，嚴格禁止這類行為。

隨著十六世紀前期德意志宗教改革（Reformation）的影響日益深植人心，市民們反對**故作神聖**教會遊行的運動也日趨熾烈，結果法蘭克福卻在一五二七年宣布禁止舉行一般型態的祭典。和教會當局在祭典型態上對立的市民，於是選擇在祭典當天繼續工作，以示對遊行的抵制。這樣的作法，實際上把祭典限縮成教會內部的事務；但在此同時，象徵庶民最原始的吶喊、讓他們從日常鬱悶中暫時解放的**另一種**祭典型態，也遭到了鎮壓。一五三九年，紐倫堡有一齣名為《雪帕德》的諷刺劇，該劇諷刺當時在講壇上激烈抨擊「嘉年華是黑暗天主教遺產」的安德烈亞斯・奧西安德*，結果被市議會急忙加以禁演。

就這樣，在新教地區揭開了「近古」（Frühe Neuzeit/ Early Modern Age）⑮的序幕；那麼在「近古」時期，下層民眾的生活又是怎樣的光景？關於這點已經超出了本書的架構，但我可以先做結論：事實上直到十九世紀中葉前，中世紀社會下層民眾的處境幾乎不曾有

* Andreas Osiander，文藝復興時期的新教改革者。

任何改變。

從至此為止敘述的庶民祭典型態可以清楚察知，不管是兒童十字軍或是埃爾富特孩童的舞蹈遊行，基本上都是將庶民從鬱悶日常暫時解放出來的「祭典」之延伸。因為日常的苦悶太過深重，所以大人們到了祭典就忘我沉浸其中，從而把孩子的事也拋在腦後；而孩子們遇上祭典的熱鬧氣氛，比大人還容易亢奮激動，因此一旦緩不下腳步，就很容易做出危險的舉動。

像這樣，當我們從中古庶民與孩子們的社會與心理狀態去探究「哈梅恩孩童失蹤」的背景時，就出現了一個值得注目的假說——葳勒女士的「遇難說」。本章的最後就來看一下這個論點。

從葳勒的論點看「吹笛手」

在中古德人東向移民拓殖說中，不管是范恩的理論還是杜柏廷的解釋，「吹笛手」都是主要角色，但東德歷史學者葳勒卻認為「吹笛手」社會地位很低，所以不可能是主角。

蕨勒認為，從這則故事瀰漫的悲劇氛圍來看，可以預測到必然是發生了什麼意外事故，因此像中古德人東向移民拓殖這種有計畫的行動，不可能是這起事件的背景。就算根據一部分的傳承說法，指出「當時父母親都去了教堂」，也不可能有為數一百三十名的孩童在完全沒人注意到的情況下離開城鎮。呂訥堡手抄本中提及「路得的母親目睹了這起事件」，正顯示了這群孩子的出發，絕對不是什麼異常的大事。

於是蕨勒做出了這樣的結論：在聖約翰祭那天，當地有捧著夏至火焰到兩英里外的波朋貝爾格山崖上點亮的習慣，這群孩子正是乘著祭典的亢奮之情捧著火焰出去，結果陷入濕地的無底沼澤，未能脫身。

只是蕨勒並不像我前面做的那樣，從下層民眾的社會處境與祭典進行考察，從而得出這樣的結論。她推定「孩子在波朋貝爾格遇難」，是根據呂訥堡手抄本中提到的「山丘」這個地名。

從很早開始，研究者就在找尋這個「山丘」（Koppen）究竟在哪裡。比方說范恩就認為，那是一座因鐵路建設現已夷為平地的山丘，位在哈梅恩市東方阿夫爾德村一帶，也就是城市的邊界處。施帕努則認為它是位在哈梅恩東北部，一處名叫巴斯貝格的山麓。但蕨勒卻認為，做為傳說核心的歷史事件是發生在城牆的附近，所以應該不在市民的視線所及之處；從這裡也可以看出葳勒基本的思維，那就是「這起事件的核心在當時已經成謎，所以才會演變成傳說」。

從這種想法出發，葳勒開始尋找符合以下三項條件的地區：（一）過去或現在曾經被稱為「山丘」；（二）位在孩子們從哈梅恩市步行所能抵達的距離範圍；（三）曾經發生不幸事件。結果終於讓她發現了這樣的一個地點。

那是位在哈梅恩東方十五公里處、海拔四〇二公尺，被稱為「柯朋布呂格」（Coppenbrügge）的一座山丘。在這裡有古日耳曼人舉行獻祭犧牲儀式的低窪濕地；一三〇三年，施皮格爾貝格伯爵在伊德丘陵與達斯塔丘陵間的濕地興建了堡壘，這座堡壘也被稱為柯朋布呂格。這一帶以「惡魔的廚房」這個異稱而聞名；正如這個異名所象徵的，它從史前時代開始就是祭祀與埋葬的場所，而後逐漸被妖魔化，變成一塊令人恐懼的土地。這塊窪地寬一百五十公尺，旁邊聳立著一百五十公尺高的斷崖，背後還有一塊大約三十公尺的突出岩壁，是個相當陰暗的角落。在它的北側與南側，砂岩因漫長歲月的風化而崩毀，和倒落的樹木交錯堆積；在風化還沒如此劇烈的數百年前，這座斷崖想必更加險峻，而堆積也達到了八公尺高。斷崖大部分都被青苔覆蓋，長滿了羊齒類植物與**白花酢漿草**，給人一種晦暗不適的感覺。這座險峻的斷崖到今天仍然相當危險，加上這一帶還常常起霧；據說有很多人從懸崖上墜落而此。人們將發生這種災難的原因咎責到施皮格爾貝格伯爵頭上，因為他在這個理應神聖的地方築城，挑戰了前基督教時代的傳說。在別的傳說裡，為了懲罰伯爵，這座城每到晚上就會出現身穿白衣的女鬼，做出不幸的預言。這些傳說在在表現出人們對這處古代祭儀場所的畏懼之心。在這座「惡魔的廚房」約一公里外的梅希斯坦因，也留有「伊德丘陵西邊的貝辛根村曾有魔法師出沒」的傳聞。

由於這座斷崖不稍微往上攀爬就看不見，所以才有了「山」的稱號。這個稍微讓人往上攀爬的地方稱為「旗岩」（fahnenstein），在這裡會舉行夏至點火的儀式，而這項儀式正是透過年輕人傳承下來的傳統。孩子們自然也會參加這樣的遊行，不只如此，這個古代部族信仰中從事犧牲奉獻的場所，對「吹笛手」而言也是很有吸引力的地方。在下一章會詳述，身為巡遊樂師一員的「吹笛手」是被教會排除在外、不能獲得基督教拯救的邊緣人；因此，他們當中有很多人在這個時代應該仍保留著對古代神明及異教的信仰。

葳勒於是認為，從孩童失蹤的事件傳承來看，雖然仍不能排除這是受欺侮的巡遊樂師復仇的可能性，但在同樣的脈絡下，也很有可能是聖約翰祭期間亢奮的孩子們做出的舉動。當然，我也認為有這種可能。若是知道當時農村與城市下層民眾的日常生活，以及他們在祭典中解放的姿態，就算沒有直接證據，也還是會認為這樣的可能性最高。

話又說回來，葳勒的論述中有一點很重要。在中世紀，「吹笛手」所屬的巡遊藝人階級是被教會與社會歧視的賤民，所以會被當成惡行的象徵，將諸多不幸事件的責任轉嫁到他們頭上。正因如此，在當時，「吹笛手」的行為其實是不需要動機的。

過去日本秋田的孩子不聽話的時候，父母就會威脅他們：「不聽父母的話，生吞孩子的鬼就會來喔！」也有父母會喝斥哭鬧不停的孩子：「再鬧，就會有抓小孩的人過來把你抓走喔！」「吹笛手」所象徵的巡遊藝人對孩子與父母而言，正是類似「生吞孩子的鬼」或「抓小孩的人」之類的存在。此外，也可以從戰前的日本常把抓小孩的人和馬戲團小屋連結在一起這點來理解。當我們一邊聽著馬戲團熱鬧的演奏聲，一邊帶著忐忑不安的心情從帳篷縫隙間窺探奇妙的動物時，不免會想起平常從父母那裡聽到的「抓小孩的人」故事，或從少年少女小說中讀到的「被賣到馬戲團的孩子」故事，從而害怕發抖。相信孩提時代有這種體驗的人應該不少。

中古歐洲的巡遊藝人，大多也會帶著奇妙的動物輾轉各地；每當城鎮發生某種不幸事件、又找不出原因時，便往往會把原因歸咎到已經離開當地的巡遊藝人身上——換句話說，只要把「吹笛手」當成犯人，事件就算合理解決了。葳勒認為在哈梅恩也是這樣，市民只是把自己疏忽的結果歸咎給「吹笛手」；換句話說，在這個傳說裡即使沒有「吹笛手」，其實也無傷大雅。確實，在《熱情》的記述裡「吹笛手」並沒有登場。

但是，因應十五世紀末到十六世紀以文藝復興和宗教改革為代表的人文主義浪潮，一般民眾開始從舊教會的嚴格羈絆中獲得解放。隨之而來的是巡遊藝人的社會地位開始提升，「吹笛手」也不再像過去一樣被當成惡行的象徵；在這種情況下，要將孩子失蹤的原因歸咎於「吹笛手」，顯然已不合時宜。於是，找尋一個新的動機遂成為必要；結果就像在當時的農民戰爭中看到的那樣，在社會對立的過程中，下層民眾把對市議會的反感摻了進去，而所謂「捕鼠人對市議會背叛的復仇」這樣的傳說也隨之成形。

既然如此，那為什麼這件事又會變成傳說，一直流傳到今天呢？關於這一點，葳勒作了以下的解說：簡單來說，這件事能為人所知，恐怕是透過少數倖免於難的孩子所流傳，但年幼孩童本來說話就結結巴巴，再加上關心自身孩子安危的父母激動的訊問，於是回來的孩子就因為害怕而更說不出話了。換言之，在事件發生當時，要掌握其全貌就已經相當困難；後來在人們想像力的馳騁下，種種幻想就更加應運而生。

這樣看來，雖然一百三十名孩童同時沉入沼澤是件很讓人難以置信的事情，但我們也不能否認，葳勒的說法應該相當接近真實狀況。

就算是宗教儀式，也會產生出異常的亢奮狀態；關於這一點，從背後隱藏的當時社會生活的嚴峻，也能推想得到。生活艱難、對將來不安、擔心家人性命安危……這是許多人心中揮之不去的念頭，而我們也必須把這種狀態當成前提，放入視野之中一併考量。因此，就算是沉入沼澤這種可單純視為「意外事故」的事件，從犧牲者的異常眾多，也可判斷在它背後必定隱含著這時代庶民的生活艱困。若非這樣，一起區區的地方事件是不可能一直流傳到七百多年後，還廣為全世界所知。

在父母自己含飢受凍的時代，孩子們餓死，應該會是他們永生難忘的傷痛。父母本身在不自覺的情況下被衝動所驅策，想從這個痛苦的世界中逃脫，卻又不得不辛苦度日；這時如果發生了導致許多孩子喪命的事故，會怎樣呢？毫無疑問，這樣的悲痛一定會跨越時空，代代流傳下來。後世的人們也在各自身處的時代，透過不同的社會與心理狀態接受了這則傳說，並應自己要求讓這則傳說改頭換面。而在這則傳說的變化過程中扮演最重要角色的，就是身為巡遊藝人的「吹笛手」形象。

審定註

⑭聖伊莉莎白是匈牙利國王安德烈二世的女兒，一二一一年在她僅四歲時，安德烈二世因個人政治目的，將她許配給後來的圖林根侯爵路德維希四世，至一二二一年她甫滿十四歲之齡即與路德維希四世結婚。雖貴為侯爵夫人，但伊莉莎白極度同情關懷貧困百姓的生活，常偷偷瞞著夫君對底層的貧苦人民行救急濟貧的善行。然而至一二二七年，路德維希四世因參與第七次十字軍運動而不幸染疫去世，其後在圖林根侯國的激烈政治鬥爭下，伊莉莎白被逐離圖林根侯國的首府瓦特堡（Wartburg），最後前往馬堡（Marburg），自此終其一生都在馬堡從事慈善工作，不幸於一二三一年以二十四歲之齡病逝。最後因其生平善行廣傳於世，羅馬天主教會終在一二三五年正式封她為聖者——聖伊莉莎白，並在馬堡城興建了一座伊莉莎白教堂（Elisabethkirche）以追思紀念她的慈善義行。她也是在中古時期極少數被羅馬教會封為聖徒的女性。

⑮國內西洋史學界在針對西洋史的斷代劃分上，在上古史（Ancient History, 3500 B.C-610 A.D）及中古史（Medieval History, 610-1500）之後，依序為「近古史」或「近代早期史」（Early Modern History, 1500-1789）、「近代史」（Modern History, 1789-1914），以及「現代史」（Contemporary History, 1914-至今）。偶有將近古或近代早期史稱為近世史，然此為日本史學界特有的斷代用詞。

第五章　巡遊藝人的社會地位

流浪者中的巡遊樂師

直到現在，日本的歐洲史敘事都將中世紀描述成農民被土地束縛的時代。在促使城市崛起的遠距離商隊出現前，幾乎看不到什麼移動人群集團，整體而言是一個停滯的社會。

但若放開領主文件和政府檔案，看看當時人們書寫的私人紀錄，便可以發現遠遠超乎我們想像、形形色色的人群移動。就算不看德人東向移民拓殖運動或十字軍之類大規模的人群遷徙，一些在城市與城市、村莊與村莊間輾轉度日的人其實很多。這些人沒有土地，因此居無定所，便遭到當時把擁有土地看成基本價值的社會所排除，成為被歧視的存在。

這些人包括了藝人、樂師、流浪乞丐、妓女、破戒僧侶與修女、流浪學生、罪犯、從城市和農村中被放逐的人等等。德國諷刺詩人托馬斯·穆納（Thomas Murner, c. 1475-

1537）就曾詳細敘述過這群流浪者，還將他們分為二十五類，但不管哪一類，都有個共通的特點：他們都是因出身或某種命運作弄，而被排除在當時「正當的」社會秩序之外。

被世俗統治、共同體秩序排除，也被教會拒而不納的人，究竟過著多麼悲慘的生活，就算不看我們日本的村八分*這種例子，也很容易想像。關於這些人，日本幾乎不曾加以介紹，但在西歐，自十九世紀以來已經有相當的研究進展。

在當時的流浪者之中，就像後來詩人塞巴斯蒂安·布蘭特（Sebastian Brant, 1457-1521）在《愚人船》（*Das Narrenschiff*）所描寫的那樣，混有很多的欺詐者；也因此，在托馬斯·穆納之類的人文主義者看來，他們是當時社會腐敗的倒影，從而飽受責難。可是從前面看過的敘述中也能輕易推測，這些下層民眾的詐欺行為並不是受歧視的原因，毋寧說是受歧視的結果。而在這些流浪者當中，也包含了巡遊各地的樂師。

中古城市和農村舉行祭典時，巡遊樂師從某處突然出現，和人們一起歡唱，給予他們一時慰藉後又突然離去，前往下一個地方。他們究竟是怎樣的一群人呢？要用一個簡單的定義來回答這個問題，其實相當困難；畢竟，他們並沒有匯集成一種固定身分。既有在王侯跟前演奏的人，也有在村莊農民的祭典上簡單演奏取悅民眾的人。他們演奏的曲目也沒有留下任何樂譜。當然，他們都是即興創作。說到底，和近代有些作曲家把自己關在孤島上，以自然和世界為對象撰寫樂譜不同，他們往往是在聽眾之間，以及與聽眾的直接互動中創作出自己的音樂。

關於巡遊樂師的起源，有著各式各樣的說法。有些人從古代羅馬的演員（mīmos）、魔術師、雜技師來尋求根源；在四至五世紀部族大遷徙（Völkerwanderung/ Movement of Peoples）的風暴中，羅馬及其界牆（Līmes）[16]內的城市劇場被焚毀殆盡，失去工作場所的演員只好到各個村莊與日耳曼各部族陣營演出拉貝里烏斯（Laberius）等人的作品，但因為語言不通，只好轉向以音樂為主要職業。

此外，也有人認為巡遊樂師的先祖，是日耳曼部族時代歌頌英雄敘事詩的詩人。但不管哪一種說法，到現在都還沒有一個最終定論。

據普羅柯皮烏斯（Procopius，五世紀末—五六五年）所言，日耳曼部族的一支汪達爾人特別喜歡舞蹈與音樂，而西哥德王狄奧多里克二世在吃飯時，一定要有歌手和演員隨侍在側。這些日耳曼部族時代的英雄敘事詩人，與原本傳承自希臘、近東的羅馬舞者、演員

＊日本傳統對於違背村莊秩序的人做出的消極抵制，意思是除了埋葬與滅火以外，在其他生活方面的事務（比方說結婚、生產、成人禮等），完全不進行交流與協助。

小號手與號角手

及歌手，在中世紀初期匯合，形成了巡遊樂師集團。

為何這些人非得過著浪跡天涯的遊歷生活不可，至今仍沒有統一的答案。不過，古羅馬的演員不見得一定要遊歷四方，而中世紀的大多數巡遊樂師也在十三到十六世紀之間放棄遊歷流浪，定居下來。之後除了少數例外，幾乎都是以定居樂師身分來獲取執業資格。從這點去思考，自然便能推測出他們漫遊各地的理由。

簡單說，他們浪跡天涯的時期，和羅馬帝國沒落衰亡到十二、十三世紀以降歐洲各邦國領地主權形成與確立的時期相當；換言之，和以大城市及宮廷為中心的中央集權國家尚未成立的時期相當。

對於巡遊藝人，可以用「guot um ehre nehmen」來加以定義。關於這句話有很多解釋，過去的解釋認為這指「以名譽換取金錢或物品」，或者「透過歌唱及表演雜耍獲取報酬（金錢）」，但現在大多解釋成「受到讚賞從而贏得相應報酬」。

不管怎麼解釋，巡遊藝人都是靠賣藝獲取報酬的人，因此必須有一定的觀眾與聽眾。可是羅馬帝國沒落後，要大規模且持續地動員觀眾與聽眾變得相當困難，藝人為了追求觀眾，不得不在各地巡迴演出。在像德意志這種在整個中世紀期間，國王和皇帝都沒有固定首都的國度，他們要獲得賴以維生的定額土地，那就更難了。故此，他們浪跡天涯、遊歷四方的原因之一，便是當時國家及社會制度的侷限。不只這樣，教會方面的蔑視和非難，也讓他們的工作與定居愈形艱難。

也是從羅馬帝國沒落後開始，這群人陷入了苦難的時代。他們不被允許擁有身為人的「名譽」（ehre）。早在中古初期法蘭克帝國卡爾／查理大帝之子「虔誠者」路德維（Ludwig der Fromme, 778-840）的敕令中，巡遊樂師已經被列舉成賤民，而這些賤民幾乎都是四處流浪的人。他們沒有任何法律上的權利，因此不能擔任證人。當然，他們不像盜賊那樣完全喪失權利與名譽；某種程度上，他們還是被認可具有這些權利，但實際上跟盜賊幾無差別。為什麼會產生這種差別待遇？關於這一點有兩種說法，一種是認為他們沒有定居於某

巡遊藝人

塊土地，另一種則認為是他們的職業本來就屬於賤業。教會持後者的立場，但當大部分巡遊樂師定居下來後，他們也都獲得了市民權，並恢復了名譽與權利。然而他們並未放棄自己的職業，因此他們受歧視的其中一項理由，應該還是跟居無定所（也就是沒有土地）有關。在以土地做為社會階級基礎的中世紀社會，他們不只沒有土地，也不像農民一樣「受土地束縛」，這樣的人自然會被視為脫出常人社會序列的存在。

然而，原因還不只這樣。演員和樂師從某方面來說，是將古代日耳曼異教文化生動傳達給庶民的人，因此對教會而言，他們是基督教普及化的障礙；日耳曼部族時代的英雄敘事詩人，有可能喚醒庶民間持續存在的異教傳統，所以必須嚴格取締。一直到基督教會仍保有勢力的十五世紀、甚至更後來的時代，這都是限制流浪者與巡遊樂師社會地位的重要理由。

從這層意義上來看，教會從羅馬帝國時代末期起便已展開對演員和樂師的批判，也就不足為奇了。三一四年的亞爾教會會議規定，擔任車伕和演員的人不能參與聖禮；擔任迦太基主教，對羅馬教會組織化頗有功績的居普良（Cyprianus, c. 200-258）同樣主張教會不應該接納演員。以《上帝之城》和《懺悔錄》聞名的聖奧古斯丁（Augustinus Hipponensis, 354-430）也認為，妓女和演員不該被允許獲得洗禮；就算他們獲得洗禮，也不會因此得到拯救。對聖奧古斯丁來說，在他年輕放蕩時代曾一同廝混的妓女和演員，簡直是毫無意義的存在。聖奧古斯丁甚至還認為，贈送金銀或物品給演員是一種重大罪行；這種觀念在三〇五年的艾爾維拉教會會議也獲得了認可。

和音樂一樣，戲劇也深為神父所嫌惡。亞歷山大的克萊曼特（Titus Flavius Clemens, c. 150-211）就認為禮拜之際應該要禁絕笛子、豎琴等一切樂器，同時也禁止合唱、舞蹈。他主張，笛子之類的樂器應該留給那些崇拜偶像的人使用。以翻譯聖經享有盛名的聖耶羅姆（Eusebius Sophronius Hieronymus, 340-419）則認為打從一開始，就不該讓年輕女孩知道七絃琴、笛子、豎琴等物品的用處。他們的態度之所以如此，說穿了就是認為笛子、合唱與舞蹈，都是附屬於基督教以前的古典時代及日耳曼部族宗教的異教習慣。

這樣的見解，在三一五年的老底嘉教會會議成了明文規定；聖職者在結婚等祝賀場合，必須在表演藝人到達前就先行退席。這種規範被教皇哈德良一世（Hadrianus I，七七二—七九五年在任）收入教會法令集加以制度化，對後來的規範造成了重大影響。

在七八九年的敕令裡，卡爾／查理大帝將演員和奴隸、異端、異教徒、猶太人同樣列為賤民，同年又規定主教、修道院長不得豢養獵犬、獵鷹或藝人。卡爾／查理大帝在統治晚期投入了相當多的心力在類似規範；麥茵茲、漢斯、圖爾等地的教會會議（都是在八一三年舉行），以及阿亨（八一六年）、巴黎（八二九年）的會議也都三令五申，重複這樣的限制。

可是，從必須三令五申這點來看，反而證明了禁令效果不佳。事實上，這時教會的理論已經開始偏離現實了。藝人們在高階聖職者的宅邸受到熱烈歡迎，而眾所周知，在米蘭主教聖安博（Sanctus Ambrosius, c. 339-397）以及教皇格列高里一世（Sanctus Gregorius PP. I, c. 540-604）時期，音樂也被納入教會的禮拜儀式。位列聖人的麥茵茲大主教巴爾特（Bardo, 981-1051）也很享受藝人的諧謔，但據他自己所言，他是為了上帝而憐憫這些藝人的貧困。就像這樣，藝人們透過娛樂聖職者，從他們那裡獲得馬匹、武器和衣服等獎賞。這種無視禁令的情形似乎相當普遍，科隆大主教聖恩格貝特（Engelbert，一二一六—一二二五年在任）不將自身衣物當作遺產贈送給藝人，而是留給聖職者，竟然被傳記作者極力讚揚。

就連修道院也不例外。法學家阿道夫・門克貝格（Adolf Mönckeberg）曾介紹這樣一則插曲：十三世紀上半葉，英國牛津的森林有兩名方濟會修士在滂沱大雨中迷了路；就在疲憊不堪之際，他們找到了一間本篤修道院，於是請求守門人讓他們進去休息一下。因為他們的衣服又破又髒，守門人誤以為他們是巡遊藝人，於是向院長報告，院長聽了大為歡喜，帶著所有修士集結前來，結果等到這兩人被帶進院內，才發現他們不是藝人；最後，這兩人被一頓拳打腳踢，當場趕出修道院。

歧視背後的畏懼

話說回來，就算是歷經風吹雨打、全身骯髒不堪，修道院的守門人會把修士誤認為巡遊樂師，對不明這個時代狀況的人來說，還是很難理解的事。可是守門人會認錯，事實上也不是全無道理；因為在這時，巡遊樂師又加入了某個新的要素。

這個時期，各地的修道院有許多立志成為聖職者而不斷努力向學的修士（學生），但他們往往會脫離修道院在各地流浪，遂形成一種社會問題。這些學生多半以歌唱、演奏樂器為生；於是在巡遊藝人的行列裡，又加入了一群新的生力軍。修道院學校通常都設有培育聖歌隊的機構，所以歌唱生活對這些學生而言，並不是相當困難的事。特別是十三世紀上半葉起設立的索邦大學等學校，出現了許多浪跡天涯的學生（clerici vagi）；他們的足跡遍及歐洲各地，而教會為了遏制他們的「浪蕩無行」，也是絞盡腦汁。

教會在與皇帝之間的激烈權力鬥爭中，好不容易取得勝利；他們以新崛起的國家為後盾，在薩爾斯堡（Salzburg, 1291/1310）、帕騷（Passau, 1284）等地的教會會議，都通過了以教會國家權力為背景、能推行至世俗世界的決議。教會試圖取締這些逃離修道院、過著自由奔放生活的學生。不管對教會還是國家而言，這些流浪學生都是威脅統治權力的危險存在，因此得命令他們回到修道院，學習「正當的」學問才行。

雖說如此，不願意回到修道院的學生還是很多，於是他們只能過著乞丐般的貧苦生活。留下或是回歸修道院的學生，能保障出人頭地的機會，也能享受學生生活；他們驕傲的情感，從劍橋等大學的學生歌曲或是《布蘭詩歌》（*carmina burana*）都可以聽得出來。然而輾轉流浪的學生，他們的聲音卻只能透過《流浪生活》（*vita vagorum*）之類的歌曲來傳遞。他們被教會和國家鎮壓，沒有能棲身的避難所；能容納他們、跟他們脣齒相依的，就只有不具備市民權的巡遊樂師。就像德國音樂學家摩賽爾（Hans Joachim Moser）所言，這些流浪學生不再回到神學者的行列，而是選擇和目不識丁的巡遊樂師生活與共，自己也唱起民謠，隱身在庶民之中。

如此，我們可以理解到為什麼巡遊樂師會日益被「正當」社會秩序的擁護者所非難。以和哀綠綺思（Héloïse）書信往返聞名的法國哲學家阿伯拉（Pierre Abélard, 1079-1142），就猛烈抨擊高階聖職者在教會祭日找樂師陪侍、不分晝夜共同享樂，還贈送禮物給他們的行為。對阿伯拉而言，巡遊樂師毫無疑問是惡魔的使徒，被差遣來誘惑人們的安貧精神。教會既然是當時權威的泉源，那他們對於巡遊樂師的歧視，自然也不會僅止於一般程度。亞西西的聖方濟（Sanctus Franciscus Assisiensis, 1181-1226）就曾表示自己和同伴是「上帝的小丑」；這當然不是因為小丑的身分很高，而是因為他們身分低賤、廣受眾人蔑視，所以聖方濟才會如此自稱，以表最深的謙遜之意。

巡遊樂師不只不能得到教會的拯救，還被剝奪了幾乎所有的世俗權利。法典中也規定當巡遊樂師遭到侵害時，只能夠「對著影子報復」；也就是說，他們對侵害自己的人，只許對著地面上的影子報復。如果巡遊樂師遭不當殺害，他的兒子只能有條件地「領取」牛隻做為補償；條件是用塗滿油的新手套抓住同樣塗滿油的牛尾巴，而且還要在高一層、容易打滑的檯子上抓住被鞭打而爆衝的牛隻，如此才能獲得補償。

像這樣的嘲弄行為，在在顯示了巡遊樂師的地位之低，以及受歧視的實際社會情況。這類歧視固然露骨呈現了歧視一方的頹廢困乏，但也讓我們隱約窺見人們所處的中世紀社會心靈結構的一隅。然而，這些歧視他人的人們並不是帶著傲慢表情，誇耀自己安全身分地位的勝利者；相反地，他們在嘲弄巡遊樂師時，內心其實不自覺地隱藏著某種害怕恐懼

巡遊樂師一家（盧卡斯・凡・萊頓，1520）

的情緒。正因他們認為巡遊樂師令人畏懼、宛如籠罩在迷霧中，所以才會不分青紅皂白、反覆做出愚弄對方的行為。這種害怕其實是源自對自己生活的恐懼，但他們卻毫無所覺。於是，巡遊樂師做為惡行的象徵，被設定為人們畏懼未知的情感宣洩口，同時也是他們恐懼的具象化，以及轉嫁情緒的存在。

在人們生來就被社會身分所拘束的等級制社會裡，任何可能動搖這種社會秩序及身分保障的因子，都會被嚴酷遏止。十三世紀末，巡遊樂師與流浪學生之所以被強力鎮壓，也是因為舊秩序正不斷動搖之故。這種動搖與鎮壓的背景和城市崛起、市民身分形成、貧富差距擴大、國家權力的嶄新重組（統一的地區控制圈，以及騎士地位的衰落）、還有聖職者地位的相對低落息息相關。在自己賴以維生的基礎遭到剝奪的不安驅使下，人們無法理性地認識不安的根源，只能透過迫害眼中比自己更低賤的人們，來緩和這種恐懼的情緒。

舉例來說，有個伯爵和巡遊樂師打賭，只要他能喝乾一桶啤酒，就給他一匹小馬；結果當樂師喝完一桶啤酒後，伯爵卻把他綁上了拷問台進行拷問。伯爵環視周遭人們，對他們說：「我講的不是小馬（equuleus），而是拷問台（eqquleus）。」這不只是用知識欺騙無知之人，也是自欺欺人；而遭到類似愚弄的對象，也不只巡遊樂師。

據赫爾曼．柯納所述，一三六八年四旬節前一天，呂北克曾舉行一場「盲人競技」。

呂北克的城市貴族子弟選出十二名健康的盲人，讓他們吃飽喝足累積精力後，便給他們頭盔、盾牌和棒子，讓他們進入市場臨時搭建成的競技場。當競技正要開始時，一頭粗壯的豬被放入場內；豬察覺到自己被捲進了戰鬥當中，便在棍棒交加間一邊發出呦呦的叫聲，一邊四處逃竄。當不時飛來的棒子打到豬的屁股上時，受驚跳起的豬就會一下子撞倒兩三名盲人競技者；而正和對手鬥得激烈的盲人以為倒下去的是豬，於是更毫不猶豫地痛毆對手。等到主辦方看人和豬都累癱了之後，便在豬的身上繫一個鈴鐺，這樣一來豬終於被打倒；更正確地說，是因為不斷被追趕而疲勞倒下，而競技也告一段落。最後，大家把這頭豬宰了一起分食，不論男女老少或聖職者，全都開心地觀看這場競技。

集結起來看巡遊樂師賣藝的人們，毫無疑問有很多是像這樣尋求排解憂悶。正因如此，巡遊樂師與他們的夥伴常穿著引人注目的服裝，帶著天生殘缺的孩子或人們，以及奇特的動物一起漫遊四方。尼德蘭畫家盧卡斯・范・萊頓（Lucas van leyden）的銅版畫中，就明白描繪有看起來像是侏儒的人加入巡遊行列；看樣子，大概是畫中那對藝人夫妻從哪裡領來這個孩子，將他撫養長大吧。我們小時候在廟會等地，也常會看到這種殘缺的孩子出來表演；而集結起來看這種表演的人們，他們的心理狀況和十四、時五世紀的歐洲市民相比，說到底其實也無太大差異。

在國王餐桌旁侍奉的樂師（史特拉斯堡，1498）

事實上在邁入十五世紀後，一部分巡遊藝人在諸侯與聖職者的保護下，展開了更大規模、稱為「馬戲團」的演出。一四四三年法蘭克福出現了大象，一四五〇年則出現了鴕鳥。一四八三年，大象再次被帶到法蘭克福演出；當時的團長漢斯．菲斯霍法，還是由皇帝與巴登邊區伯爵推薦給市長的。一四六八年，當駱駝被帶到訥德林根時，因為太多人聚集在臨時搭建的橋上觀看，使得橋梁垮塌，導致十三人死亡。就像這樣，在十四、十五世紀社會的不安與動搖中，巡遊樂師與藝人的存在慢慢被認可，其中一部分人也在聖職者與諸侯的保護下，逐漸恢復了「名譽」。

「恢復名譽」的樂師們

受諸侯與聖職者保護的樂師們停止四處遊蕩，轉而定居在宮廷與教堂。在宮廷裡，他們教導諸侯子弟演奏樂器，在教堂裡則創作教會音樂；當競技、送往迎來、旅行、決鬥的時候，他們也會負責演奏，為場面增添光彩。崔斯坦傳說中就描繪了這樣的宮廷樂師。他們不只替主人排憂解悶，有時還會針對各式各樣的家族糾紛，扮演起解說的角色（請想想哈姆雷特的劇中劇）。他們在諸侯的保護下，成為貴族們的「所有物」。一三一四年某份文件就寫到，有位宮廷樂師被轉讓給布雷森（Breesen）主教約翰。就這樣，他們在聖職者與諸侯的司法保護傘下站穩腳步，逐漸恢復了「名譽」。

樂師的「名譽」在教會裡也得以恢復，他們現在被認定成能獲得上帝恩寵的一員。這種變化清楚顯現在各式各樣的奇蹟故事當中，例如「格明德提琴手」的故事：一個除了拉小提琴之外什麼都不懂的樂師，當他在聖母像前真情流露演奏後，聖母賜給了他一雙金拖鞋。這類奇蹟故事中最有名的，就是清谷（Clairvaux）魔術師的故事。

有一名長年漫遊世界，以跳躍舞蹈、戲弄雜耍愉悅眾人的魔術師，他將全部財產捐贈給清谷的克呂尼修道院，進了院裡擔任助修士。這個男子除了魔術以外什麼都不會，包括主禱文、使徒信經與天使祝詞都一竅不通。眼見其他修士都能透過言語和事功侍奉上帝，男子卻沒有任何能用來侍奉上帝與聖母的本事，只能暗自感嘆自己的無力。有一天，男子無意走到教堂正殿地下一處有著高聳圓形天花板的地方，在那裡發現了一尊聖母像，於是他下定決心，要在彌撒時偷偷將自己所會的魔術奉獻給這尊不為人知的聖母像。就這樣，男子日復一日，在彌撒時避人耳目，悄悄將自己畢生所記得的種種雜技與魔術全都表演給聖母像看。由於男子一直不出席彌撒，有個修士感到很怪異，便向上通報，某天院長於是來到聖殿地下。那時男子正表演完自己的才藝，整個人筋疲力竭、幾近失神地趴在地板上；此刻，院長看見了聖母在天使環繞下，從祭壇走到男子的身邊，親自用白布擦拭他額頭的汗水。不久後男子因病過世，臨終時聖母又再次出現，將他的靈魂引領到天國。

這個故事在十三世紀上半葉已經開始流傳，這點相當值得注目。

因應教會方面的變化，到了十四、十五世紀，城市也開始擁抱樂師，有許多樂師從諸侯宮廷流入城市。不過這也有限制。諸侯指揮麾下騎士的時候，還是不可缺少小號和大鼓，因此喇叭手和鼓手仍然留在宮廷內，一般城市則禁止擁有這兩者。城市的市民軍只能使用吹笛手、法國號手與長號手。因為這樣，宮廷豢養的喇叭手與鼓手頗為瞧不起城市的樂師。

宮廷樂師在首府當中為數甚多，一三九八年維也納阿爾布雷希特四世的宮廷總計有十六名樂師，已經可以組成一個小型交響樂團。這些宮廷樂師在十七、十八世紀又分化出上下階級，也組成了自己的公會。在十八世紀的全盛期，不算軍樂隊，在德勒斯登、特里爾、科隆、麥茵茲、慕尼黑、維也納、曼海姆、卡塞爾、達姆斯塔特、安斯巴赫、維爾茲堡、海牙、斯圖加特、布勞恩史懷克、柏林、威瑪、哥達、索梅勞森都設有宮廷樂隊。就這樣，他們靠著寄生諸侯權威之下，擺脫了賤民地位，並成功打進上流社會。

除了這種方式以外，巡遊樂師也可以透過定居城市，來尋求脫離賤民身分的可能性。用這種方式，他們可以獲得市民的名譽，之後也能夠以公證人的身分登場。國家也鼓勵樂師市民化與提升身分；一二四四至一二四七年的《塵世和平令》（*Landfrieden*）就說：「巡遊藝人若要過著和平的生活，就應該停留在適合的場所。」《塵世和平令》的出現，是逐步發展的邦國用來分裂對抗勢力、確保統治範圍內治安的手段。位居社會底層、經常流動的巡遊藝人族群，動輒成為不穩行動的導火線，因此必須把他們納入一定的秩序當中；正因如此，各邦國才會希望他們定居下來。

可是，儘管定居在城市，他們也未必能夠獲得經常收入。有報告指出，這些藝人在冬天會兼營手工業；另外在四旬節這種強制禁欲、禁止歌舞樂曲的時節，也會從事手工業維生。

最早在一二七二年的聖加倫、一二八三年的漢堡，已經確定有巡遊藝人定居的足跡，但這些定居在城市的樂師，必須一面擔任城市高塔（Turm）的警備，一面負責在貴人送往迎來之際演奏音樂，因此他們也屢屢被稱為「塔之人」（Turmer）。

進入十五世紀後，城市上層市民的生活益發奢侈，動不動就舉行華麗的結婚典禮。這種婚禮絕對少不了樂師，因此也有不少巡遊樂師從農村流入城市。市政當局擔心這種華麗

村中的樂師（1756）

的結婚典禮會醞釀出某種解放的祭典氛圍，所以企圖做出限制；許多城市都制定法令，對結婚典禮加以規範。譬如呂訥堡、漢堡、布列斯勞、布里格、格羅德庫夫、奧格斯堡等地，在十三、十四世紀都規定結婚典禮時不能招攬超過四名樂師。漢堡、艾格（Eger）、紐倫堡、羅滕堡（Rothenburg）、米赫爾豪森（Michelhausen）的上限是六人，法蘭克福在一三五二年則澈底禁止使用樂師；比較寬大的是雷根斯堡，允許用到十二名樂師。儘管有這種由上而下的限制，巡遊樂師還是融入了城市市民的生活；不久後他們便得以在市內置產，並將市民權順利拿到手。

雖然市議會一開始只是為了城市重要

活動而短期雇用樂師，但當這些人成為定居市民、存在也被認可之後，他們就形成了正式的公會；既然有公會，那樂師當然也會分化成老闆、匠人、學徒三階級。一五四八及一五七七年的帝國警察令，都認定城市樂師是擁有「名譽」的人物。

儘管直到十八世紀，樂師身為賤民的記憶都未完全消滅，但到了十五世紀末，他們遭受教會排除的狀況可說已大致告一段落。後來各個城鎮交響樂團的起源，都可以追溯到這時的各公會。

除此之外，也有不少靠贊助為生的巡遊樂師；他們沒有在諸侯的宮廷與城市內定居，而是以特定諸侯為後盾，帶著諸侯給的證書巡遊各地。不只如此，也有一些樂師形成以特定領域為活動舞台的同儕團體；這些人一方面結群、保護同伴利益，同時也過著虔敬的宗教生活，並獲得教會承認，從而如摩賽爾所言形成了一種「保護弱者的團體」。在一二八八年的維也納、一三二〇年的盧卡、一三三〇年的雷根斯堡，都可以看到這種團體最古老的雛形。在大部分情況下，位居團體頂峰的是「樂師之王」（Spielkönig），而更上面則是在這個世界頗具名氣、亞爾薩斯的拉霍斯坦因伯爵（Brunó de Rappolstein）之類的達官貴人；這些人會以守護者之尊，每年召開一次樂師大會與審判。歌德在《詩與真》第一部第一章裡，把原本跟樂師審判毫無關係的事情誤記為「樂師審判」，但這其實是沿襲了弗里茲《關於所謂樂師審判》（1752）當中的錯誤記述。不論如何，這些記述者筆下所述的樂師團體，在各地都陸續成形，且一直維持到十八世紀。

漂泊的樂師

上述的演變過程已屬近代音樂史領域，非我這樣的門外漢得以輕易置喙。只是，在和本書主題相關的方面，我必須指出一個事實：儘管如上所述，有很多樂師在教會、諸侯、城市、團體中尋求脫離賤民地位的機會，並成功演變成近代音樂的先驅，但在這些力爭上游的人背後，仍然有很多被遠遠拋下、沒能向上提升的巡遊樂師。

和那些「恢復名譽」的樂師有所區別，水準較差的業餘樂師（Stümper）或小酒館樂師（Bierfiedler）、再加上邁入近古時代後的流浪學生，這些「沒能獲得名譽」的樂師，仍然停留在他們原本的地位上。這種巡遊樂師自一六一八年起，因為三十年戰爭造成的社會不安而急遽增加，甚至不斷威脅到「恢復名譽」的樂師地位。即使到了十八世紀，這些巡

彈魯特琴的丈夫與拉小提琴的妻子（萊頓）

遊樂師的數量也沒有減少；這些所謂「**正統派**」樂師的憤怒，在奧地利作曲家約翰尼斯·彼得·貝爾（Johann Peter Beer）於一七一九年撰寫的《論音樂》（*Musikalische Discurse*）中露骨地表現出來。在此做一段稍長的引用：

> 發出臭氣的水窪必須澈底疏濬，飄散的有毒蒸氣必須用高貴的香脂來除污；因此，各地當局都應時時保持警戒，從音樂的花圃中將有害植物的殘株連根拔起、摒棄，才是最適切的處置。……他們總是三兩結夥，在披風下藏著提琴，四處遊走在國內各貴族的

> 宅邸之間，吟唱《古代名將約翰．德．維特的騎士之戰》，其間則由盲目的瓦倫汀負責間奏。這些傢伙一言以蔽之，就是糟糕透頂，唯一會讚美他們的，只有被鎖鏈拴住、瞪著大大眼睛的看門狗。不只如此，這些小酒館的提琴手也欠缺對教會的深刻信仰，他們不只鮮少有人會唱主禱文，還會在講道時肆無忌憚地閒聊。……總而言之，他們把連基督徒在教會外也覺得糟糕的低級黃色笑話與惡搞，帶到了教會裡面。……有人問他們說，「為什麼你們的指甲要留得這麼長？」他們說，「這是為了彈豎琴方便。」這些傢伙簡直像是永遠處在飢餓狀態一樣絕不節食，他們的提琴上塗滿了從圖林根森林第十一號山區哈茨（Harz）山上採來的松脂（harz），而且不知道為什麼，他們還很喜歡睡在馬廄裡。據我最近調查的結果，他們之所以喜歡跟馬睡在一起，是因為可以比較輕易蒐集到馬尾巴的毛。難怪他們用來拉提琴的弓，全都是黑、灰、紅等各種斑駁顏色混合在一起……

這種沒什麼人追捧、還得承受一堆粗口謾罵，位處組織外的巡遊樂師，究竟是怎樣的一群人呢？

根據一七〇六年慕尼黑樂師公會發表的文件顯示，當局所謂的「地下樂師」主要包括了學生、輟學生、前樂師公會者，以及未經當局認可便擅自結婚者。一七九六年的慕尼黑樂師公會也反覆提出陳情，說學生妨礙了他們的生意，可能奪去自己飯碗；因此他們主張，學生們應該回歸學業。不過摩塞爾認為，學生事實上很少跟這些樂師產生競爭；相反地，他們還得靠城市樂師提供工作機會。一七一九年在慕尼黑，這類業餘的音樂團體有二十多個，獲得市民權的樂師公會只有七個。學生因為演奏價格便宜，所以接獲的邀請甚多，而公會樂師為了生意，也跟著跑這種低價案子；不管怎麼說，從這種現象可以看出，樂師公會的組織已然開始瓦解。

同樣身為巡遊樂師，當其中一部分人正在諸侯、城市、團體旗下力求從賤民地位向上提升並獲得賞識之際，那些沒有加入組織的人，卻直到十八世紀都還是跟中古時期一樣，一邊收容流浪學生，一邊飽受蔑視；正因如此，當局與社會地位已然提升的樂師，對他們都深感恐懼。當局和「正統派」樂師害怕這群位在社會秩序之外的人，因此輕蔑他們、限制他們使用的樂器；最後，他們連風笛波蘭風笛都被禁止使用，只准使用街頭風琴、手風琴及陶笛。

在舒伯特《冬之旅》（*Winterreise*）最後曲目中登場的「彈手搖琴的老人」，雖然是活在社會的壓迫與蔑視之中，但因為他心中沒有蔑視、歧視這類人性的弱點，所以才能看透社會和人生，給受苦受難、受歧視、因追求真實而被周遭孤立的人們慰藉。這樣的人物令人懷念，並深深留在我們的記憶之中。

「吹笛手」的形象隨著時代與人群的差異，會以不同的樣貌呈現。十三世紀末毋庸置疑，是巡遊樂師處境最嚴苛、社會地位最低的時代；因此，他們和過著掙扎痛苦的困頓生活、遭受歧視對待的城市最下層民眾及其子弟之間，會產生某種共通的羈絆，其實不是特別難想像的事。因為這些巡遊樂師，正是祭典時不可或缺的存在。

風笛手與拉古提琴的人（法蘭克福，1545）

巡遊樂師老夫婦，丈夫拉手風琴，妻子應和著歌唱。

要追尋從日常生活的勞苦瞬間解放的祭典亢奮，巡遊樂師的身分低賤完全不是問題；相反地，他們在祭典的進行與挑動情緒方面扮演了重要角色，深深吸引了眾人、特別是孩子們的目光。單就「一百三十名孩童失蹤」這起歷史事件而言，我認為巡遊樂師和它基本上沒有什麼關係；若硬要說有關係的話，就是事件發生在祭典當中，但他們仍然不是事件的直接主因。也正因如此，在中世紀的史料中，對於做為歷史性存在的「吹笛手」，幾乎沒有任何具體的容貌描寫。但就算這樣，這起事件後來還是演變成了「哈梅恩的吹笛手」傳說而廣為人知。之所以會如此，一方面是因為巡遊樂師的社會地位直到近代仍遭到排拒疏遠，另一方面也是因為有對他們投以歧視、把他們當成惡行象徵的人們與「學者」存在。

審定註

⑯界牆是位於羅馬人國家邊界上的一道預警防線。除了帝國西北邊不列顛行省的哈德良界牆建有厚壘城牆的防禦城垣之外，其他邊界地帶的界牆都很簡要，通常只是一道木製的柵欄沿邊豎立，柵欄前方挖掘一道較深的溝塹，充作簡單的行進障礙，每隔一定的距離則設置一個瞭望台，一遇有狀況，則迅即升起狼煙，示警後方的屯駐軍團開抵邊界禦敵。羅馬國界上的界牆之所以如此簡陋，是因共和國至帝國時期早期的羅馬軍團戰力強大，他們認為只要軍團一出，蠻族旋即望風披靡，因而界牆只需提供預警的功能即可，無須興築高牆厚壘式的城垣防線。除此之外，界牆所在之地對羅馬人而言，尚有重要的邊界販貿的商業功能。該地帶是羅馬人與北方蠻族間的重要交易之地，羅馬人以製成品而交換北方蠻族的各類原物料及農林產品，亦因商業活動興盛之故，凡是駐有羅馬軍團所在的界牆週遭之地，常常形成重要的軍政城市，匯集大量民眾的群集入居，因而各類大型建物，諸如神殿、總督府、競技場、輸水道以及劇場等等，自然而然也就因應官民之日常需求而興築。

第 II 部

吹笛手傳說的變形

第一章　從吹笛手傳說到捕鼠人傳說

饑荒與疾病：不幸的記憶

一二八四年六月二十六日，實際上究竟發生了什麼事？事實隨著時光流逝，漸漸被人遺忘，但事件的相關記憶卻在不同時代持續觸及人們的生活。在每一個時間刻度，這段記憶都會被換上新裝，在人們心中持續存活下來。和這起**事件**透過後世學者，被賦予和外在世界之間的種種定位關聯截然不同，**記憶**是在庶民心中逐漸醞釀而成。不論世上那些了不起的人怎麼闡述這則傳說，對哈梅恩市民而言，這徹頭徹尾就只是一樁發生在他們鎮上的事件，是唯有痛苦才能喚醒的傷痕；傳說就是以這種方式，口耳相傳下來。

當哈梅恩人想起這件事時，回憶的線段會直接連結到哈梅恩市從分院獨立的苦難過程，同時也會連結到城市迎向經濟繁榮時擴大的貧富差距，乃至於屈服在威爾芬家族治下

十二、十三世紀歐洲發生的饑荒

地區＼發生年分	一二一八	一二二〇	一二二四	一二二五	一二三六	一二三九	一二四〇	一二四二	一二四三	一二四四	一二四五	一二四六	一二四七	一二四九	一二五〇	一二五一	一二六一
東歐國境地帶																	
奧地利											*			?	*		
波希米亞					*												
北德（內陸）		*	*	*			*				*	*	*				
北德（沿岸）																	
南德（巴伐利亞東部）				*								*					
南德（巴伐利亞西部）				*	*						*	*			*	*	
洛林／法國東部										*	*	*			*	*	
萊茵河中游				*						*	*	*	*			*	
比利時／萊茵河下游	*		*	*	*	*		*	*	*		*	*			*	*

一二三四	一二三三	一二三一	一二三〇	一二一九	一二一八	一二一七	一二一六	一二一一	一二〇六	一二〇五	一一九八	一一九七	一一九六	一一九五	一一八三	一一七七	一一七六	一一七五	一一六六	一一六四	一一六二
	*	*				*															
						*	*		*					*							
						*															
				*		*				*		*							*		*
						*														*	
						*		*				*			*						
			*							*	*	*	*			*					
*											*				*	*					*
										*	*	*									
												*	*		*			*			*

一二七〇	一二六九	一二六四	一二六三	一二六二	一二六一	一二五六	一二五五	一二五三	一二五二	一二四二	一二四一	一二三五	一二三四	一二三三	一二三一	一二二六	一二二五	發生年分／地區
		*	*							*	*			*				東歐國境地帶
			*		*		*		*			*	*					奧地利
			*	?					*									波希米亞
																*	*	北德（內陸）
																*	*	北德（沿岸）
*															*	*	*	南德（巴伐利亞東部）
*	*					*										*	*	南德（巴伐利亞西部）
								*				*	*	*			*	洛林／法國東部
	*															?	*	萊茵河中游
																	*	比利時／萊茵河下游

一二七一	*			*	*	*	*			
一二七二				*	*					
一二七四					*					
一二七七		*								
一二八〇			*							
一二八一	*		*							
一二八二	*		*							
一二九四							*			
一二九五						*				
一二九六										*
一三〇五									*	
一三〇六			*							
一三〇九				*						*
一三一〇						*			*	
一三一一						*	*			
一三一二										
一三一三						*	*			
一三一四			*							
一三一五					*	*	*		*	*
一三一六					*		*		*	*
一三一七	*	*	*		*	*				

Curshmann, F, Hungersnöte im Mittelalter. 1900(1970) S. 84f.

的種種來龍去脈。就這樣，回憶的線段隨著形形色色人們所處的社會地位，朝著各種方向延伸。就算到了十五、十六世紀，下層民眾的貧窮問題也完全沒有改善的跡象；說得極端一點，甚至全歐洲直到十九世紀為止，饑荒問題也不曾獲得解決。就像經濟史學者艾許頓的適切描述，在十八世紀上半葉，就算是當時歐洲首屈一指的先進國家英國，也會因間歇性的饑荒導致莫大數量的生命消逝；在中古歐洲就更不用說了，幾乎每年都會有某個地區發生饑荒、疫病、歉收等災難。

我們可以看看前幾頁的表，這是德國地理學家弗里茨．克許曼（Fritz Curschmann）所編製，關於饑荒分布的情況。

哈梅恩屬於這張表的「北德內陸」，這個地區光是十三世紀就有一二〇五、一二一七、一二一八、一二二五、一二二六、一二七一、一二七二等年分，以及十四世紀初期的一三〇九、一三一五、一三一六年發生饑荒。不只是直接發生在當地的饑荒，周遭地區的饑荒也會對當地造成極大影響；投機、壟斷、將糧食運往饑荒地區等等，都會讓糧食價格飛騰，也威脅到庶民生活。事實上，比起該表所呈現的饑荒本身，它所引發的恐慌及做為結果的價格高漲，對庶民生活更是決定性的打擊。就算饑荒隨著時間而緩和，已然上揚的價格卻沒有那麼簡單就下降。就像克許曼的描述，在饑荒與歉收地區，其實也儲藏了相當

流浪的雙親與孩童

數量的穀物，但價格卻高得讓庶民無法購入。

據《克桑滕編年史》記載，飢餓的貧民會吃狗、貓、驢、馬，《科爾馬編年史》則記載人們連狼、青蛙和蛇都搶著食用。根據十二世紀奧地利教士兼編年史家、賴歇斯貝爾格的馬格努斯（Magnus von Reichersberg）所述，在一一四五年，飢民不時將牛隻放血飲用，以求苟活。至於碳水化合物的補充，貧民用釀葡萄酒的酒糟代替麵包，或食用樹根、野草、樹皮，誤食毒草而身亡的人也所在多有。在法國，八四三年出現了用泥巴加上些許麥粉製成的麵包；據十三世紀編年史家特羅保的馬丁

（Martin von Troppau）表示，在匈牙利甚至有飢民啃食一座山的泥土，最後竟把那座山啃成了平地。這種吃土的情形，大概和我們在第二次世界大戰與戰後艱困時期食用摻了火山灰（Bentonite）的麵包與餅乾的狀況相當類似。

不論在什麼時代，饑荒都會將人們逼到幾近極限的地步。整個十三世紀，在中歐確實出現了吃人肉的現象；光是確鑿的紀錄，在七九三、八六八、八六九、八九六、一〇〇五、一〇三二年的德意志與法蘭西，以及一〇八五年的義大利就都有記載。一二三三年與一三一五年的立夫尼亞、一二四一到一二四二年的匈牙利、一二七七年的徐泰爾邊區（Steiermark）與克恩滕（Kärnten）、一二八〇到一二八二年的波希米亞，以及一三一七年的波蘭與西里西亞，也有吃人肉的報告。在這當中，甚至有市場販賣人肉的案例。

在這種情況下，飢餓的人們常會為了尋求食物而遷徙。農民捨棄家園與耕地，踏上漫無定處的流浪之旅。每當饑荒爆發之際，就會有為數極多的貧民在全歐洲流浪徘徊、尋找食物。我們絕不能忘記，在以羅曼史和歌德式建築為象徵、華麗敘事的中世紀政治史與文化史背後，如影隨形存在著一批骨瘦如柴、茫然無神抱著死去幼兒、步履蹣跚的沉默大眾。故此，我們必須一改過去單純仰賴以維波（Wipo of Burgundy）和奧托（Otto von Freising）為首的中世紀著名史家、編年史作者的文獻來進行研究的方式。

這些史家一味關注國家重大事件，對民眾的歷史則不屑一顧；冰雹、歉收、疫疾、饑荒、經濟動向等等，全都無緣載入他們的紀錄。故此，拓展我們視野的不是這些著名的歷史敘述者，而是一些無名修士所遺留下來的地區編年史。他們詳細記下包含自然現象在內，自己身邊發生的大小事；也因此，我們得以推測出當時庶民生活的樣貌。他們的敘述幾乎就等於同時代的目擊者證詞，因此在一定程度上相當具有信服力。

透過這些修士質樸的敘述，我們發現飢餓的群眾會流浪相當遠的距離，去尋找食物。一二八〇到一二八二年的波希米亞大饑荒，飢餓的難民一路流浪到德意志的圖林根、麥森等地；同一時期，難民也從波蘭的克拉科夫輾轉來到俄羅斯與匈牙利。一三一七年，從西德出發的行乞者一路抵達了呂北克與波羅的海沿岸。十二世紀與十三世紀上半葉發生在荷蘭的饑荒、疫病與洪災，是造成德人東向移民拓殖的原因之一。一一四五至一一四七年第二次十字軍前夕，也爆發了饑荒；十字軍與饑荒之間的密切關係，其實很容易就能解讀出來。

饑荒、歉收、疫病不只造成人口直接減少，也會透過難民的流浪，導致特定區域的人口急遽減少。在中世紀，我們已經看到這樣的事態不斷上演；在哈梅恩也是一樣，每當人們遭遇到同樣的事態，也就是因饑荒、歉收、疫疾、難民增加導致人口減少的情況時，他

三十年戰爭期間遭到圍攻的哈梅恩（1633 年左右）

們就會回想起堪稱原點、發生在一二八四年的「一百三十名孩童失蹤」事件，並將這個故事一直流傳下去。就像呂訥堡手抄本裡所述的那樣，哈梅恩人對於每天值得注目的事件，都會用「孩子們失蹤後○○日」來加以計數。

做為例子，杜柏廷在史料集收錄了兩封一五○○年左右的市民信件。這堪稱是相對於以「基督誕生○○年」為計數方式的教會曆，由庶民自身經歷所誕生的庶民曆。此外，因為飢荒和歉收等事件絕不會每次都相同，因此每當出現新事態時，對於這起「事件」的回憶就會以嶄新姿態流傳下去。

可是，我們無法向上追溯直至十六世紀中葉前，這種口述敘事的變化過程。就像前面曾經提過的，除了前述的三份資料外，十六世紀中葉以前完全沒有其他任何文件史料可供查證；畢竟這個傳說只是一則哈梅恩這座小城鎮的地方瑣事，只在市民之間父傳子、子傳孫，口耳相傳。像是一四九二年康拉德·波托斯的《薩克森編年史》，就完全沒有任何關於這起傳說的紀錄。

然而到了十六世紀中葉，圍繞這個傳說的環境產生了決定性的變化。以宗教改革與農民戰爭為出發點的信仰及社會變遷，使人們所處的社會環境隨之變化；再加上促進德意志文藝復興的印刷術發展與福音主義神學，也讓人們對歷史與自然現象有了新的見解。正因如此，我們的傳說研究就必須面對從那個時代直至今日，宛如宿命一般的難題。

傳說是庶民間口耳相傳的產物。但每當知識分子對之加以抄寫轉述、評論的時候，就必然會影響庶民的口述敘事；特別是當他們把對傳說的解釋，當成對庶民進行宗教教化、精神訓育的手段時，原本的傳說就會呈現出截然不同的面貌。「哈梅恩的吹笛手」傳說也不例外。隨著教會、市政當局與學者對這個傳說的反覆激烈議論，這些議論內容也滲進了傳說之中，從而導致我們無法看清傳說原本的面貌。

在這種狀況下，要將變化後的傳說往前回溯，方法只有一種，那就是透過爭論背後所糾結的人群種種動向，來觀察並定位傳說在諸多議論與爭執中的變化。儘管如此，這種方法受限於史料數量，還是無法澈底並充分滿足我們的需求。我們只能勉強在不失去基準的情況下，找出庶民所傳遞的活生生傳說，與被納入知識分子世界觀之中的傳說，兩者之間的落差。

《沙特羅斯的日記》

從這個觀點來看，漢堡代理市長《漢斯．沙特羅斯的日記》（*Bamberger Chronik des Hans Zeitlos*）就顯得相當重要。一五五三年，當勃蘭登堡—庫爾姆巴赫邊區伯爵阿爾布雷希特．亞西比德（Albrecht II. Alcibiades von Brandenburg-Kulmbach, 1522-1557）與薩克森公爵莫里茨（Moritz von Sachsen,1521-1553）之間展開所謂的「邊區伯國鬥爭」時，沙特羅斯與七十八名漢堡市民被阿爾布雷希特當成軍稅人質加以逮捕；他們在返鄉時經過下薩克森，在哈梅恩停留了兩、三天。這時沙特羅斯聽聞了一百三十名孩童失蹤的傳說；身為俘虜的他，於是將這個很可能是從一般民眾那裡聽來的故事，記錄在日記裡：

市民說，在距離這個城鎮槍彈可及之處有一座山，稱為各各他山。一二八三年，有一名被認為是樂師的高大男子出現在鎮上；他穿著五彩斑斕的上衣，在市內吹響了排笛或橫笛。不久後，市內的孩子們一起跑出來，朝著剛才講到的那座山走去，接著就沒入深山裡頭；只剩下兩個孩子裸著身子走回來，一個是喑啞，另一個則是眼盲。母親們為了尋找愛子飛奔而出，向男子苦苦哀求，但男子卻威脅說，自己三百年後還會回來，屆時將帶走更多的孩子。下落不明的孩子總計為一百三十名。這個城鎮的人們計算著，距離男子宣稱自己將會歸來的三百年後、也就是一五八三年還有三十年；他們全都恐懼不已，害怕男子會再度回到鎮上。

這份史料的重要性不只在於它是口述，也在於它是被允許返鄉的人質，將自己從一般民眾那裡聽來的故事載於日記這點。沙特羅斯在這之前完全不曾聽聞過這個故事。雖然他對這個頭一遭聽到的故事頗有興致，並記錄在日記上，但他並非基於其他企圖——比方說對外發表之類，才將它記錄下來。事實上，沙特羅斯的日記有很長一段時間都沉眠在漢堡的檔案館內，因此對後世傳說的發展，可以說毫無影響。

當沙特羅斯凝神傾聽這個口述故事時，我們其實可以隱約察覺，十六世紀中葉哈梅恩的庶民是生活在怎樣的恐懼與不安當中。

哈梅恩市在一五四〇年，也就是沙特羅斯旅居該市的十三年前，在市議會與市民的倡議下改信路德派，開始推行宗教改革。城市的上層階級子弟前往德意志各地大學就讀的學生持續增加，市內也逐漸出現人文主義者，開始踏入史家所說的「邁向近古的序曲」。可是對無法用文字表達自我的庶民來說，就算是基於新福音的信仰，也沒辦法讓他們基於新教養而產生新的世界觀；因此他們只能以三百年前的「事件」為原點，來臆測現在的不幸。換言之，庶民仍然生活在基督教以前「咒術與神祕」的思考世界當中。

然而，三百年前一度襲擊城鎮的「吹笛手」或許將再度出現、帶走更多的孩子；這樣的恐懼與其說顯示庶民的思考世界仍停留於古老的前基督教信仰，不如說他們的不幸創傷儘管歷經了三百年的時光，仍舊無法癒合。

首先是洪水造成的重大損害。一五五二年一月威悉河嚴重氾濫，河水沖垮了橫跨河上的石橋，整個城鎮都泡在水中，當時的水位高度至今都還刻在迪奧門的牆壁。同年夏天，歉收與價格飛騰陸續打擊居民，一五五一到一五五二年間還發生大火，燒毀了一百六十間

聚集在教堂前的乞丐與病人（奧格斯堡，1532）

房屋。同年底黑死病蔓延，光是哈梅恩市就有一千四百人喪命。有錢人和分院修士都紛紛逃出城鎮。比災害更令人難以忍受的是宗教戰爭；一五五〇到一五五三年間，戰事就在市門前進行。激烈戰爭帶來的災害，加上宗教改革的推行，造成了各式各樣的齟齬和傾軋。

就像前面看到的，天主教的分院自古以來，就對哈梅恩市民握有很大的控制權；因此，所謂的城市獨立就是從分院的掌控中獨立。當市議會和市民於一五四〇年改宗基督新教路德派時，城市也從中取得了宗教上脫離分院掌控的武器。宗教改革就是這樣一種和政治社會對立難以區分、緊密交織的改革行動。也因為這樣，當宗教戰爭的戰火蔓延到城市門前，再加上洪災、黑死病、火災等讓城市一片黑暗的不幸事件，在一五五一到一五五二年間陸續侵襲，分院於是對還留在天主教陣營的市民大力宣傳，宣稱這些不幸都是神的懲罰，使人民深陷恐慌。

不只是不幸事件連續發生，讓人們無法過著平凡的日常生活，相熟的鄰人驟然分裂成兩個不同的政治、宗教陣營，也讓懷疑與猜忌日益升溫。就在這樣的氛圍下，哈梅恩市展開了魔女審判。一五三二年四月二十六日，有位名叫伊莉莎白・修雷塔的女子被控意圖殺害新教徒的保護者埃里希公爵夫人伊莉莎白，因而遭到審判並被迫自白。根據她的口供，她和另一名女子一起，用金色毛氈裹住雉雞的心臟與貓的大腦，和毒菇放在一起煮，然後叫人把煮過的東西塗在麵包上。據說她還把蛇和蛤蟆的肝臟，以及其他東西一起丟入燒開的大鍋。修雷塔當然被處決了，從審判紀錄中可清楚讀出市民們亢奮的情緒（《哈梅恩史料集》五四二頁以下）。公爵夫人伊莉莎白深受市民敬愛，當局便透過對暗殺公爵夫人未遂的魔女修雷塔進行審判，來讓市民無法宣洩的不滿與憤怒找到一個出口。

呂訥堡手抄本末尾記載的蛇尾雞（或者龍），也於此時再度甦醒；人們相信在費許福特街的水道下棲息著龍，牠會吐出有毒的氣息，被牠瞪到的人都會死。

就在這些不幸事件尚未遠去之時，沙特羅斯來到了這個城鎮。洪災、火災、黑死病奪去的大量人命；光是這樣，就已經足以喚醒哈梅恩市民過去的傷痛了。

當悲慘命運來襲，庶民要怎樣忍受這般處境？他們會把現在的不幸，與過去的經驗和傳說相比較，看看哪種痛楚比較深切。當因黑死病、洪災和火災失去孩子的雙親互相傾訴、安慰彼此的不幸時，他們總會把話題引向過去哈梅恩曾有一百三十名孩童被「吹笛手（惡魔）」帶走的事件。於是，孩童時代從父母那裡聽來的床邊故事變得異常栩栩如生，就像是發生在自己身邊一樣，直逼而來。災難或許還未告終；鎮上已有一千四百人死去，或許明天我僅剩的小女兒，也會被死神的魔爪攫去。在這樣的恐懼驅使下，過去的傳說就不再是完成式，而是以現在進行式的型態，重現於人們的意識當中。

「吹笛手」以高大男子的模樣直接現身於母親面前，這點也確切呈現了庶民內心的恐懼。在此可清楚看到「哈梅恩的一百三十名孩童失蹤」傳說在庶民之間傳承的典型動向。

話說回來，根據沙特羅斯留下的傳說記述，「吹笛手」被形容成一名高大男子，還對母親們說出恐怖的言詞。「吹笛手」被描寫成中世紀史料所不曾有的魔術師姿態。雖然從樸素的尋常形象搖身一變為不尋常的魔術師樣貌，在傳說中乃家常便飯，不算離奇，但其中也未必沒有相應的舞台場景或演藝要素，而導致這般後果。

其中一個肩負重要意義的要素，就是「koppen」。雖然它實際上不過是一座低矮的山丘，但從中古初期就做為刑場，再加上附近又以基督教安置十字架的各各他山丘為模板，擁有朝聖用的苦路，因此它除了是基督教聖地，也是古日耳曼部族時代以來原始信仰的聖域。換句話說，這座山做為基督教信仰與異教傳統的接點，對中世紀末期的民眾而言是個神祕的存在。因此，「吹笛手」消失在這座山的記憶相當容易被神祕化，也把這個傳說本身轉化成一種神祕的「神隱」（被神帶走、消失無蹤）傳說。

在呂訥堡手抄本裡，吹笛手被描述成「年約三十歲，穿著高級服裝的美男子」，但到了一五七一年卻被描寫成「陌生的吹笛男子」，到了一五八八年則變成「詐欺師」，一五九九年更變成「魔術師」。透過這種將不幸記憶轉變為神祕故事的過程，整個社群曾經蒙受的痛楚也從地區性的經驗，開始朝向更普及的世界展翅飛去。

「吹笛手」會以魔術師之姿顯現的另一個理由，跟神學者與聖職者有關。就像前面提及的，哈梅恩市內新教舊教的齟齬，其實是橫跨全德意志——不，應該說是全歐洲的對立；而且不只是單純宗教上的論爭，更是政治社會的對立。雖然天主教信仰未必能擄獲民眾的靈魂，但中世紀初期以來的漫長傳統即使逐漸變得徒具外形，還是能在人們日常生活的各種形式上發揮影響力。傳播新教的路德派神學者與聖職者，不只必須進行宗教的高層次議論，還必須挑戰這種建構日常生活規範的天主教秩序。數不盡的眾多聖人到底是什麼，一年中始終不間斷的祭典之日又是什麼？人們開始對此抱持疑問。

在這些疑問的背後，不用說，當然有分院加諸的各種負擔、俸祿、彌撒、贖罪、捐獻等經濟重擔的成分在內。雖然透過宗教改革的推動，城市可大致從這種分院的掌控中脫離（分院參議員在一五七六年全體改宗路德派，但分院的正式解散，實際上則要等到一八四八年。換言之，德意志的「中世紀」在某種意義上其實一直持續至十九世紀）；但在此同時，他們還必須提供一套能夠代替舊有制度的新日常生活規範。

被賦予權威的傳說

話說回來，宗教改革後的嶄新日常生活規範，必須要在和兩個強敵的鬥爭中加以貫徹並施行。其中一個強敵是中古初期以來長期構成日常生活外在規範的天主教秩序，雙方同時得針對信仰的內在性、純粹性展開爭鬥；另一個鬥爭的強敵，則是儘管長年處在天主教統治下仍深藏於德意志庶民心底的古日耳曼異教習俗，或者說原始的生活情感。如同我們所見，這股風俗習慣或情感，對外部傳道帶來的天主教控制進行無聲的反抗，宛若地下水般潺潺流動，並在祭典時刻噴湧而出。新教的普及、也就是宗教改革本身的進展，基本上充分利用了這股能量；因此，宗教改革雖然大致取得了成功，但要反過來抑制這股原始的異教能量，卻也相當困難。

在哈梅恩方面，他們從漢諾威招來負責控管市民靈魂的牧師，實施嚴格的日常生活規範。一五四〇年市議會立法，除了針對設置學校及奴僕相關的規定外，對於婚姻生活等也都立下具體規範。比方說，夫婦沒有特別理由卻要分離，會先加以和解勸告；若是無效，則態度惡劣的一方直至和解前都必須負責打掃城鎮；若雙方都態度惡劣，則直至和解前都必須被驅離城鎮。其他像是結婚儀式等有關人們的日常生活規範，都由市政當局發表布告、加以嚴格管控。

可是，法規要有實際效果，就必須樹立權威。這種權威在世俗上必須透過和城市與邦國君主的緊密結合來賦予，新宗教權威的樹立就是印證。對庶民而言，新宗教權威與其說是透過翻譯成當時低地德語的聖經來賦予，不如說是透過喚起恐懼情緒來加以樹立。

市政當局與教會利用哈梅恩市民對一五五一至一五五三年災害的恐懼，透過「吹笛手傳說」來為他們的權威背書，並用來教導庶民。為此，首先最重要的就是將中世紀以來未曾定型、以口述方式在庶民間流傳的「一百三十名孩童失蹤」傳說，建立起一種經過認證的形式。一五五六年，市政當局在城市的新門上雕刻了這樣一段拉丁語碑文：

設置在哈梅恩市新門前的石碑

Von des Teuffels gewalt vnnd
boßheyt wil ich hie ein warhafftige
Historiam melden. Vngefehrlich für
180. jaren hat sichs begeben zu Ham-
mel inn Sachssen an der Weser/das
der Teuffel am tag Marie Magdale
ne inn menschlicher gestalt sichtiglich
auff den gassen vmbgangen ist/ hat
gepfiffen/vnd vil kinder/knebele vnd
meidle an sich gelockt/vnd zum stad-
thor hinauß gefürt an ein berg/ Da er
dahin kommen/hat er sich mit den kin-
dern/der sehr vil gewest/verlorn/das
niemandt gewüst/wo die kinder hin
kommen sind/Solchs hat ein Meid-
le/das von fern nachgefolgt/jren El-
tern angezeigt/ist derwegen bald auff
wasser vnd Land an allen örtern fleis-
sige nachforschung vnd bestellung ge-
schehen/Ob die kinder villeicht gesto-
len vnd hinweg gefürt weren wor-
den/Aber es hat kein mensch erfarn/
wo sie hin kommen sind. Solchs hat
die Eltern höchlich betrübt/vnnd ist
ein schröcklich exempel götlichs Zorns
vber die sünde. Solches alles ist be-
schriben in dem Stadbuch zu Ham-
mel/da es vil hoher Leut selbs gelesen
vnd gehört.

從芬卻留斯《不可思議的徵兆》原本中翻譯出來的部分

一五五六年，於魔苟斯（魔王）從鎮上奪走一百三十名孩子之後兩百七十二年，建立此門。

在這裡，「吹笛手」被描寫為魔苟斯。魔苟斯不只是魔術師，而是宛如《浮士德》裡面的典型那樣，是神祕隱藏世界的支配者。在庶民的思考世界中，這種拉丁語的稱呼方式應該還沒有深入人心，對於「吹笛手」應該也是使用拉丁語以外的其他慣用語來表現，因此稱呼他為「魔苟斯」，明顯是市政當局的作為，而市政當局的這種解釋也有眾多神學家做其後盾。

在這個時期，該傳說已透過巡遊各地的手工業工匠廣為德意志全境所知。當時的神學家也非常關注這則傳說，陸續出版了不少討論該傳說的書籍。當中最早提及這項傳說的是神學家約伯·芬卻留斯（Jobus Fincelius）的《不可思議的徵兆》（*De miraculis sui temporis*，法蘭克福，一五五六年）。芬卻留斯是這樣寫的：

> 關於惡魔的魔力與邪惡，我在這裡要傳述一個真實的故事。距今一百八十年前，在薩克森威悉河畔的哈梅恩鎮，抹大拉瑪利亞之日（七月二十二日）時，惡魔以人類的面貌出現，徘徊在小路上吹響笛子；他誘出許許多多的少年少女，帶著他們走出市門，一路走入山裡。到了那裡，惡魔和孩子們突然消失無蹤；孩子們究竟去了那裡，沒有任何人知道。遠遠尾隨在孩子身後的一名保母急急忙忙向孩子的雙親們稟報，這些父母於是不分海陸，四處展開搜索行動。然而，不管他們問誰，都不知道孩子們是不是被拐走了、又被拐到了哪裡。這起事件是上帝要讓雙親悲痛、要降下怒火懲罰他們所犯罪行的恐怖例子。這起事件也被載入哈梅恩市的法典，不斷被許多身居高位的人士閱讀與談論。

在這裡，「吹笛手」被明確指稱為惡魔；而孩子們被攫走，則首度被解釋成是上帝對人間罪惡感到憤怒的結果。除此之外，保母尾隨在後告知雙親的情節，也在此首度登場。更值得注意的是，這裡指出已經有許多人讀過市鎮的法典（應該就是《多納之書》）；我們因此可以知悉，「吹笛手傳說」在這時已廣為德意志內外所知。不只如此，芬卻留斯還說，這件事因為載入城市的法典，所以有很多身居高位的人士閱讀與談論；言下之意，彷佛是這項傳說乃是透過上層階級所傳承下來的古老典籍。在這裡，芬卻留斯似乎不經意地步入和意圖由上而下，將庶民之間口耳流傳、姿態多變的傳說扣上一定框架的哈梅恩市政當局同樣的思考路線；而這樣的思考方式對後續傳說的發展，堪稱是決定性的一步。畢竟在這之前的史料全都是手抄本，既無流通性，影響力也有限，但芬卻留斯的作品是第一部提及這項傳說的活字印刷作品，因此對傳說的普及與變化具有決定性的影響力。

這時，各地的新教神學者已陸續開始詮釋這項傳說，芬卻留斯是其中的首要人物。施帕努也表示，將「吹笛手」轉化成惡魔，是神學家與聖職者的傑作。早在一五五七年，卡斯帕・戈德溫（Kasper Goltwurm Athesinus）就已在法蘭克福出版了《奇蹟與奇蹟的徵兆》（*Wunderwerk und Wunderzeichen Buch*）一書；這本書雖是獻給黑森伯爵菲力普的作品，但明

一怒之下將孩子交給惡魔的父母（杜勒）

顯是以芬卻留斯的作品為藍本。除了這本書之外，其他也有很多作者以芬卻留斯的作品為基礎，讓吹笛手傳說更加廣傳。一五七三年，安德利亞斯．洪道夫（Andreas Hondorf）在《歷史的事例》（*Calendarium Sanctorum et historiarum*）中以這樣一段話為開端，介紹了吹笛手傳說。

「孩子們前往學校或教會時，不該任意繞路。做為好例子，以下這則故事相當值得注目。」寫完這段引言後，洪道夫以幾近全文引用的方式，介紹了芬卻留斯的記述。在這裡，他延

對老鼠施展魔法的捕鼠人（《威瑪的奇蹟之書》）

續了路德在《基督教義小問答》中所提及，孩童對雙親的服從義務以及關於惡魔的話語，將這項傳說以警世故事之姿加以編入。因為父母放任孩子，所以上天才會降下懲罰，讓惡魔把孩子藏起來。路德自己就這樣說：「在我小時候有很多魔女和邪惡的法師，這些傢伙用魔法驅策貓和人，特別是孩子，並做出許多傷天害理的事。」

一五八七年，幾乎同樣的內容在曼斯菲德伯爵領地牧師沃夫岡．比特納（c. 1530-1596）所著的《歷史選粹》又被重述了一次；除了這本書以外還有其他，族繁不及備載。就像這樣，在眾多神學家和牧師的努力下，這則傳說被融入了警世故事的框架中。

然而，當神學家開始把「吹笛手」當成惡魔、把傳說納入教義體系定位後，就不可避免地會產生出有關神義論的質疑，也就是「為什麼上帝會讓惡魔帶走清白無罪的孩子」。面對這個質問，神學家和牧師給出的其中一個答案如前所述，是由於「雙親監督不周」或「庶民行為不檢」所致；這當然是當局和教會權威方面為了要將新生活規範強加於庶民身上，而做出的解答。

然而對於這個問題，還有另一個從截然不同的立場出發、以迥異形式做出的解答；那就是我所要討論的，「吹笛手傳說」與「捕鼠人傳說」的結合。

從「吹笛手」到「捕鼠人」

如前所述，「捕鼠人傳說」在「哈梅恩一百三十名孩童失蹤傳說」中首度登場，是公認成書於一五六五年左右的《齊默恩編年史》；在這以前，這則傳說中完全沒有關於「捕鼠人」的主題。既然如此，就讓我們再次回顧一下《齊默恩編年史》。

如第一章所述，《齊默恩編年史》是在德意志南端靠近瑞士、奧地利邊境波登湖北側的梅斯基希撰寫而成，一共有兩種手抄本，內容是以編年史方式記述當地直到一五五七年為止發生的大小事件，作者是齊默恩伯爵弗勞本・克里斯多夫（Froben Christoph）以及他的書記約翰尼斯・穆勒（Johannes Müller）。根據他們的紀錄，梅斯基希在一五三八年也曾出現大量老鼠為患，最後全數被驅離城鎮；當時擊退鼠患的，是一位伯林根出身的冒險家。同時他們又記載，一五五七年施萬高也同樣有老鼠激增的事件。在這兩起事件之間，我們的傳說以這樣的形式被穿插進來了：

在這裡，當我們再次提及老鼠問題時，就不能不談到過去當西發里亞的哈梅恩市用同樣方法驅除老鼠之際，神所展現的奇蹟。不論是事件本身的特異之處、或是在記憶方面的特異點，這都是一起相當值得談論的故事。不只如此，從這個故事當中，也可以看到全能的上帝對我們這些被造物所展現「人類理性所無法解明」的奇蹟之所在。幾百年前，西發里亞地區哈梅恩市的居民遭到無可計數的大批老鼠襲擊，陷入了前所未見的煩躁與苦痛。就在這時，或許是偶然、又或許是在神的安排下，一個來自他鄉的陌生流浪者（landfahrer）出現了；這個人看起來，頗像是當時德意志稱為「流浪學生」的模樣。男子聽到市民的痛苦與喃喃不絕的詛咒聲，於是便向市民提議，只要支付報酬，他就如市民所願，幫他們脫離老鼠的肆虐為患。市民們聽了男子的提議後大喜過望，當場就答應付給他好幾百盾的高額報酬。於是，男子就在城鎮的各個小路間一邊漫步，一邊吹起了笛子；不久後，鎮上的老鼠便從家家戶戶爭先恐後飛奔而出，聚集在男子身邊，這些尾隨他的老鼠為數多到難以想像。男子帶著這群老鼠，將牠們放逐到附近的山裡，之後鎮上就再也看不見任何老鼠的蹤跡了。驅逐老鼠後，男子向市民要求約定好的報酬，但市民卻拒絕了他的要求，還這樣回答：「確實我們沒有遵守約定，但你什麼努力都沒有付出、也沒有花費任何費用，大群的老鼠就自己消失了啊！你什麼都沒有做，也沒有用上任何特別的技術啊！既然這樣，那你就不該要求這麼大一筆金錢，拿個少少的金額就該滿足了吧！」但男子不願意撤回自己的要求，強烈堅持一定要獲得約定好的金額；他說，「如果你們不願意付這筆錢的話，一定會後悔莫及，到時候恐怕會發生無法挽回的事，所以還是照我的請求，好好付錢吧！」但市民還是堅持金額太大，不願意支付這筆錢。男子眼看自己拿不到錢，於是又和先前一樣，吹起笛子漫步在鎮中；這次跟在男子身後的，是鎮上所有八、九歲以下的少年少女。他們跟著男子，一步步走向附近的山裡；彷彿像要迎接他們一般，山

> 奇蹟似地打開了，男子就在無人知曉的狀況下，帶著孩子們一起消失在山裡。然後山再次關起來，從此再也沒人看過男子和孩子們的身影。就這樣，哈梅恩鎮遭遇了筆墨難以形容的痛苦，市民們對此卻完全無能為力，只能不斷向全能的上帝祈禱，懺悔自己的罪過。為了將這項奇蹟永遠流傳下來，哈梅恩市的所有文件在寫上「基督誕生之後」的日期同時，也會加上「孩子們失蹤後○○年」的日期記述……

這項紀錄說老鼠並不是被帶進威悉河，而是被帶進山中，雖然和後來的傳說有點出入，但其他方面大致無甚差別。就像前面講過的，這篇紀錄是頭一次用「捕鼠人」的復仇來說明孩子們的失蹤，也是「捕鼠人」在這則傳說中頭一遭以主角之姿登場。更值得注目的是，在這項紀錄中，這個傳說已經以和我們現在所知幾乎完全相同的樣貌登場了。

另一方面我們也不能忽視，在這篇故事中，針對市民不願支付約定好的報酬這點，也做出了「合理的」解釋。

在中古城市內部，金錢原理與等級制原理相爭，強調自身；而構成金錢原理的核心，是商人階級與手工業者。他們相信自己揮汗如雨的勞動才是生活的泉源，因此不仰賴祖傳的地位與超自然力量，只是每天不斷辛勤工作。對這些市民而言，「捕鼠人」的行動就結果而言固然值得感謝，但仍是一件無法被承認的事。這就好比在近代設備齊全的醫院裡，有位藥石罔效的病患，結果某位魔法師來到病房，一瞬間就把病人治好了；這時醫生對魔法師抱持的心情，大概就跟這些市民對捕鼠人的感情十分類似——我們明明已經付出了無數努力，卻還是每天過著食不安寢的日子，然而居然有人不用顧慮任何煩惱，輕輕鬆鬆吹個笛子，就把這些老鼠給趕走了！對這些市民來說，「捕鼠人」是不屬於他們世界的人類，是從過去魔法世界所派來的使者。市民們否定了那個世界，從中獲得解放，並另外建立起一個自己的（合理的）世界。無論結果為何，市民都會對「捕鼠人」的工作報以很低的評價。對他們而言，工作（Arbeit）是一切價值的泉源；可是這種把工作當成一切價值泉源的合理評價，卻帶來了極為非人類（不合邏輯）的結果。「捕鼠人的復仇」這個主題，隱含了批判近代市民社會這種「工作等於勞動」的單純合理化思考，並展現在全世界的讀者面前。

言歸正傳，要探索「捕鼠人」突如其來出現在「一百三十名孩童失蹤傳說」中的理由，就必須博覽其他類似的「捕鼠人傳說」，看看當時的「捕鼠人」究竟是怎樣一號人物。

類似的捕鼠人傳說

不難想像，歐洲中古城市與農村的鼠患為禍甚烈。在冬季被雪覆蓋的德意志，幾乎所有地區都為了穀物儲藏問題而大傷腦筋。

一九七二年十月，在康士坦茨召開的中古史研究會，一位專攻普魯士中古史的研究者貝尼霍芬（Friedrich Benninghoven）報告了普魯士城堡的穀物儲存量；當他講出那個龐大的數字時，在座所有人都大吃一驚。這時有一位研究者質疑：「這麼大量的穀物，正是老鼠聚居的溫床，那麼普魯士人針對這個問題，有採取任何的處置方針嗎？」貝尼霍芬沒有辦法做出肯定的答案；但不管是哪個城鎮，對於老鼠造成穀物儲藏量的損失，應該多少都有心理準備。

日本自古以來就有設置防鼠板或將昆布埋在通道上的方法，但就建築結構與歐洲人的飲食生活來看，應該是起不了太大作用。然而，穀物是當時人們的主食，也是維生不可或缺之物，因此長時間下來，還是非得想出一套對策不可。在這種情況下登場的，就是身懷驅鼠密技的專業「捕鼠人」。他們之後雖然也成立了自己的公會，但一開始並未定居，而是零星出現在各地，使用密技驅除老鼠，賺取報酬。歐洲各地都流傳著關於這類「捕鼠人」的故事，以下就舉幾個例子：

(1)一二五〇年，巴黎近郊的德朗西雷納村（Drancy Les Noues）出現了大批老鼠為患，損害愈演愈烈；於是，村民請來一位嘉布遣會的修士安其奧尼尼，拜託他擊退老鼠，並約定好報酬。只見這位魔法師從自己的袋子裡取出一個小小的「惡魔」，拿出一本小冊子，開始唸起魔術咒文；不久之後，難以計數的老鼠便聚集在修士的身邊。修士走向附近的河川，脫下衣服走進水裡，老鼠也跟著走進河川，全部溺斃。修士向村民請求報酬，但恩將仇報的村民卻拒絕了；聰明的修士於是從袋子裡拿出一把小小的角笛，開始吹響起來。這次，村子裡所有的家畜，從牛到鴨子全都聚集到他的身後；他走往跟河川相反的方向，被魔法驅使的家畜跟著他一起消失，村民即使想阻止，也已經無能為力。

這則法國傳說刊載於一八二四年的《海盜》雜誌，明顯與哈梅恩的傳說來自彼此獨立的傳承根源。儘管兩個故事的架構非常相似，但在本質上與哈梅恩傳說有著明顯差異；帶著大量牛和鴨子離開村莊的男子，其姿態很容易想像，而「嘉布遣會修士」這個形象也相當鮮明且現世化。

(2)在瀕臨波羅的海的呂根島西邊，有座名叫烏曼茨（Ummanz）的小島，在它的南邊有一座更小的島，人們都稱它為「鼠之島」。過去，烏曼茨曾有大批老鼠橫行，讓當地居民頭痛不已；這時，一名陌生的「捕鼠人」出現在島上，在獲得高額報酬之後將老鼠全部誘出，從烏茲村渡海，將牠們驅趕到隔壁的島上。從此以後，這座隔壁的小島就被稱為「鼠之島」，而烏曼茨島再也不曾發生鼠患了。

幾乎同樣的傳說也發生在前波曼恩／西波美拉尼亞（Vorpommern/ Western Pommerania）的卡舒比（Kaszëbi），以及西加利西亞的布熱斯科（Brzesko）。

(3)以穀物市場聞名的奧地利科爾新堡（Korneuberg），過去也曾受鼠害所擾。一名男子出現在市鎮，提議以報酬為交換條件，將老鼠一隻不留地驅逐出去，而市鎮方也答應給予他相當程度的金額。於是男子吹起笛子，將老鼠全都帶進了多瑙河。當他要求報酬時，雙方在金額上發生爭執；市議會拒絕支付這筆錢，男子說：「是嗎，那就這樣做吧！」說完之後他便回到多瑙河岸邊，吹起笛子，結果大群的老鼠又重返鎮上，充斥在大街小巷。等到城市按約定付錢後，他才又吹響笛子，再次把老鼠帶到多瑙河，這次老鼠全都溺死了。為了紀念從鼠患中得到解救，這個城鎮建造了一座老鼠的紀念碑。

這個故事還有另一種版本，那就是「捕鼠人」要求和城市首席法官漢培利的美麗女兒結婚，卻遭到拒絕。此外，這個版本並沒有留下「捕鼠人報復」的傳說。

(4)在愛爾蘭的貝爾法斯特（Belfast）也有吹笛手前來，在附近峽灣的洞穴中誘惑年輕人跳舞，用魔法將他們拐走的傳說；這是寇派翠克先生流傳下來的故事。

(5)在洛爾施（Lorsch）地區曾經發生過嚴重的蟻害，田裡的新芽被啃噬殆盡。主教命令農民展開祈願遊行，在田地裡祈求上帝的原諒；之後出現了一位隱士。隱士宣稱自己是受上帝差遣；做為驅逐螞蟻的代價，受災的十個村莊應該各出一百盾，用來興建一座小教堂。村民們全都贊成，隱士於是從長袍下拿出笛子吹響；剎那間，遮天蔽地的無數螞蟻雲集而至，宛若一座黑色高塔般，全部沉入了湖中。隱士回到村裡，要求支付給上帝的報酬，但人們卻說隱士是魔法師，所以拒絕了。隱士也不怎麼驚訝，只說「你們會受懲罰的」，然後便再次吹響笛子；這次村莊的豬全都從豬舍中跑出來，跟在隱士身邊，一起走進洛爾施湖，消失不見。

第二年，洛爾施又遭到嚴重蝗災，農民頭痛不已，又跑到主教跟前拜託，但主教卻說「這是你們這些恩將仇報的人應該遭到的懲罰」，不願伸出援手。村民沒辦法，只好再次前往田裡祈願遊行；他們一面巡遊，一面乞求神的原諒。當他們走到洛爾施湖邊時，有一名燒炭工從山上下來，對他們說：「你們的懲罰很快就會獲得寬宥，只是為了建設修道院，每個村莊必須繳納五百盾。」村民們聽了大喜，立刻應允。燒炭工拿出笛子吹響；蝗蟲隨著笛聲群聚在燒炭工身邊，跟著他一起走向坦能堡，在那裡飛進一團巨大的火焰中，全被燒死了。可是當燒炭工回來時，村民又跟隱士那時候一樣，拒絕給予報酬。燒炭工說：「既然如此，那我就這樣做吧！」然後又拿出笛子吹響。這次當地的羊全都聚集過來，跟著燒炭工一起走向洛爾施湖，在那裡消失不見；過程中村民全都像是中了定身法一樣，只能站在原地動彈不得。

再下一年，大批的老鼠簡直就像從天而降一般襲擊了村莊。甚至連人也成了受害對象，村民們再次前往田地，四處巡遊祈禱。當遊行隊伍來到洛爾施湖畔時，山中的妖精出現在他們面前；妖精說：「這場災難馬上就會平息的，但為了消災，各村必須支付一千盾的金錢。你們就算不願為了神付錢，至少也為了自己付錢吧！我會拿這筆錢在亨德斯海姆的山路築起水壩，這樣一來，你們的耕地就不會遭到山洪侵襲了。」村民們還是一樣，當場就答應了妖精的提議。於是山中妖精吹響笛子，召喚出好幾萬隻老鼠，帶著牠們走向坦能堡。在那裡，山從中間打開；當它再次閉合時，山之妖精與老鼠全都消失得無影無蹤。但是，村民這次還是拒絕遵守約定付錢；這次忘恩負義的代價，是前兩次難以比擬的慘重。妖精在村中吹響笛子，所有的孩子、甚至連正在吃奶的幼兒都離開了母親胸前，跟在妖精身後行進。當他們一行人來到坦能堡時，巨大的懸崖打開，妖精和孩子們走進其中；等到懸崖再次關閉，他們的身影也消失得無影無蹤。村民悲慟不已、深感後悔；為了不在第二年遭到更重的懲罰，他們蒐集了金錢，送到沃姆斯的主教那裡，從此以後就再也沒有爆發災難了。

(6)波希米亞南部有很多養魚池，在那裡經常棲息著水精。水精是一種小矮人，穿著綠色褲子跟長外衣，披著一頭綠色長髮。在布德懷斯（Budweis）附近的特布拉維茨村，也有一個類似的池塘，過去也曾是水精棲息地。某一天，許多孩子在村莊周圍嬉戲，突然有個不知來自何方的陌生男子加入了他們的行列。男子從口袋裡掏出一支有著奇妙雕刻的笛子，吹起了一首首樂曲；孩子們大為歡喜，蜂擁而至，還一路拍手喝采。男子一邊吹著笛子，一邊往距離村子稍遠的地方前去；孩子們受到他的魅惑，完全沒察覺這點。只有一個孩子站在原地沒走，冷靜地觀察其他孩子們往哪去了。男子帶著孩子們走到池塘附近，用手杖敲打池塘的水面，水面頓時一分為二，孩子們就從這個開啟的入口走了進去；當水面再次合攏時，已經看不見任何人的蹤影。目睹這一切的孩子大聲叫喊，將這恐怖的消息傳達給村民；村民們於是下定決心，要埋伏捉拿水精，畢竟水精在水裡很強，但在陸地上很弱。他們辛苦地持續埋伏，最後終於在水精出來散步時襲擊它。水精雖然像是要掘井找水一樣，在地上挖出一個洞想逃跑，但還是無法逃脫，被村民捕獲。村民用繩子將水精五花大綁，帶回村中；大喜過望的他們在第二天展開審問。他們質問水精「孩子們到哪去了」，水精不願回答，村民於是威脅要將它活活燒死；最後水精終於向村民求饒，答應如果村民釋放它，就會歸還孩子，並離開這個地方。水精發誓自己會遵守第一項約定，但第二項約定需給它八天的緩衝時間。它和村民訂好了最後離開的時間，並同意村民監視它的出沒場所。就這樣，村民相信了水精，放它離開。第二天孩子果然回到村中，但不管村民怎樣質問，他們都一問三不知，只是說「自己玩得很開心，然後好好睡了一覺」。接著，水精離開村莊的時刻終於到來；當眾多村民集結前來時，一輛小小的車子乘著波浪，出現在大家眼前。那輛車子的形狀相當漂亮，上面堆滿了形形色色的道具；水精就坐在道具山上一邊抽著菸斗，一邊揮動馬鞭。一匹可愛的小馬以驚人速度奔馳起來，一瞬間就消失在眾人的視線當中。從此以後，這個地方就不曾再聽說關於水精的傳聞了。

(7)在開姆尼茨（Chemnitz）也有「拉手風琴的男人帶著孩子走向馬林堡，在那山頭一分為二，孩子們全都消失其中」的故事流傳。

（以上1至7引自杜柏廷的史料集）

(8)過去鄰近柏林的埃貝爾斯瓦爾德（Eberswalde）曾經發生過嚴重鼠患，特別是磨製城市穀物的水車小屋損害慘重。一六〇七或一六〇八年，有個男子向市議會提議，要將這些有害的小動物一隻不剩全部驅逐，至少讓水車小屋看不到任何一隻老鼠。男子表示，自己在一年間不會要求任何一毛錢，但假使過了一年能夠證明鼠患不再發生，那他就會按照事先的約定，索取十塔勒的酬勞。市議會當場付給他兩塔勒做為定金。男子於是在水車小屋不知放了什麼東西，更在看不見的地方藏了另一些東西。第二天，驚人的事情發生了：大批老鼠奔出水車小屋，跳進旁邊流動的菲諾河，連一隻都沒回頭。一年後，捕鼠人請求剩下的八塔勒，並順利領到了報酬；從此以後，不管市內或是水車小屋，都沒有再出現老鼠的蹤影。

（引自施帕努《哈梅恩的捕鼠人——古傳說的成立與意義》（*Der Rattenfänger von Hameln: Vom Werden und Sinn einer alten Sage*），二二七頁）

驅除鼠蟲害的對策

以上羅列了和「哈梅恩的捕鼠人傳說」相互獨立，在歐洲各地流傳的類似「捕鼠人傳說」。

一直到十八、十九世紀，歐洲各地還是不斷受鼠蟲害與自然天災所折磨。鼠害大部分是有關收穫後穀物的保存問題，但如故事(5)的洛爾施地區那樣遭蝗蟲（飛蝗）肆虐的事例，也是屢見不鮮。

早在八七三年的《富爾達編年史》就已經記載有大量蝗蟲出現，澈底啃食尚未收穫的作物。當時蝗蟲從富爾達飛向麥茵茲，短短一個小時就啃光了大約兩百約赫（joch，拉犁的牛一天所能耕作的田地面積為一約赫，約等於五十公畝）面積的穀物。結果當然會造成饑荒，《黑斯菲爾德編年史》就描述過這樣的狀況。九四一年明斯特也出現蝗蟲，結果引發饑荒（不過這項紀錄未能獲得確認）。一〇二一年法國的史料也有同樣的報告。一二四二年在匈牙利也爆發了蝗災，據說當時造成的田地凋敝比韃靼人入侵還厲害。

面對民眾蒙受的損失，教會採納了民眾的傳統習俗，紛紛舉辦「請守護我們免於動物災害」的祈福消災儀式。洛爾施傳說中的巡遊是個好例子，其他許多地方則誕生了守護人類免於動物災害的聖人。瑞士的聖馬格努斯、奧格斯堡的聖烏爾里希等都被人們奉祀。哈梅恩也奉祀聖格特魯德（Gertrud）做為防治鼠蟲害的守護聖人。聖格特魯德和德意志南部的聖烏爾里希相對應，是守護德意志北部的聖人。

可是這些傳說也明白呈現了，單憑這些教會儀式與聖人，並不能讓人心安；因此，人們才會期待起自己無法掌握其真面目、居住在超世俗世界的隱士或流浪者之類的人物。對於居住在城市和農村、街坊鄰居全都了解到一清二楚環境中的人們來說，從未知的土地巡遊而來，朝著陌生地方旅行的流浪者，感覺起來就是某種神祕異世界的居民，並且擁有自己所不具備的特殊能力。事實上，這些「捕鼠人」本身應該確實擁有某種神祕技巧。

故事(8)中於埃貝爾斯瓦爾德現身的「捕鼠人」，在水車小屋放置了某種東西。現在想想，那應該是老鼠討厭的某種藥品；事實上擁有這種祕傳技巧的「捕鼠人」在十七世紀也成立了公會，將這種祕技一代代傳授下去。

從各地傳說來看，用笛聲招來大批老鼠的方法，顯然不是完全空穴來風。在二十世紀的現代，英國北安普頓也有一位叫做赫伍德的先生長年觀察老鼠，並在付出極大努力後成功研究出用某種笛子招來老鼠的方法，對驅除老鼠似乎有很大成效。現實世界裡也有獵人會模仿母狍子的聲音，召喚公狍子前來；由此觀之，這樣的傳說或許並非純然捏造。

這些「捕鼠人傳說」的共通之處在於一般人在面對老鼠與其他害蟲時全然束手無策，只是單方面蒙受損失；此外，擊退老鼠等事物、拯救一般人的全都是「陌生人」，或是不住在城市和農村共同體內、過著非日常生活的人。

從這點來看可以發覺，當時的人們還不知道驅除鼠蟲害的普遍手段，因此對於找到具有這種技巧、過著非日常生活的人，藉他們之手將這種災難——比方說難以驅除的鼠患——一舉漂亮解決，可說是朝思暮想、日夜盼望。至於大部分傳說的另一個共通處，也就是不願意支付「捕鼠人」報酬、忘恩負義這點，則是因為「捕鼠人」和前述的巡遊樂師一樣，是居無定所、四處遊蕩、被共同體秩序排擠的受歧視者，因此民眾自然也不會像面對那些擁有對等權利的「平常人」一般，以日常的態度與待遇來對待他們。

兩種傳說結合的條件與背景

那麼，在歐洲各地隨處可見的「捕鼠人」傳說，和「哈梅恩吹笛手及一百三十名孩童失蹤」有關的傳說，又是怎樣結合在一起的呢？

第一個前提是，哈梅恩自古以來就以水車城鎮著稱。正如前面所見，這個城鎮的市徽是水車用的石頭，而磨粉用的臼石也是這裡的主要輸出品。穀倉和什一稅館毫無疑問，都是容易滋生老鼠的溫床。聖格特魯德以守護人們不受鼠蟲危害的聖人之姿為哈梅恩所奉祀，從這點也能看出鼠害對這個城鎮而言，絕對不是什麼小問題。

相當遺憾的是，有關哈梅恩鼠害的紀錄除了諾伊基爾希（Albert Neukirch）記載的內容外，沒有任何史料可供查考。不過在奉祀這位聖人的許多地方（譬如奧斯納布呂克），都流傳著鼠害與主教驅除老鼠的故事。因此不管「捕鼠人傳說」是發生在哈梅恩，或是從附近地區傳入，其實都不怎麼讓人驚訝。

可是為什麼只有在這個地方，「捕鼠人傳說」和「一百三十名孩童失蹤傳說」結合在一起了呢？關於這一點必須注意，兩個傳說裡面都有「吹笛手」存在。施帕努就認為，「吹笛手」是結合兩個傳說的連接點。當聽到「吹笛手」之名的時候，當時人們直覺想到的就是遊歷各地的流浪者，然後又聯想起有關「捕鼠人」的種種；畢竟就像前面講到的，「捕鼠人」是廣布在歐洲各地的傳說。

至於「吹笛手」和「捕鼠人」劃上等號，其實是因為兩者具有同等的社會地位，在當時的身分制秩序中，兩者無甚區別；因此關於這點，或許沒有必要再多加論述。但「捕鼠人傳說」和「一百三十名孩童失蹤傳說」並不只是單單結合而已，還加上了「捕鼠人對忘恩市民的復仇」這個形成之後本傳說主旋律的母題；因此我們無法不去想像，這兩個傳說的結合，必定存在著某種社會背景。

就像前面看見的，一五六五年德意志南端的齊默恩伯爵將「哈梅恩吹笛手」傳說以「捕鼠人復仇」的故事形式載入日記。當時巡遊手工藝者的足跡已遍布全德意志，因此我們可以認定，在哈梅恩鎮民間口耳相傳的「捕鼠人復仇」故事，是透過這些人流傳到各地。齊默恩伯爵領地本身也有鼠患的經驗，因此當偶爾造訪的手工藝者閒話家常時，談起同樣鼠患成災的哈梅恩市，從而將「因捕鼠人的復仇導致孩童失蹤」的傳說傳下來，這是很有可能發生的。

一五六六年，約翰·韋爾也在書中以「捕鼠人復仇」的形式介紹了「吹笛手傳說」。由此可知，當時這個故事也已經傳到了萊茵河畔。

從這些狀況來考量，在十六世紀中葉，哈梅恩市的「吹笛手傳說」已經轉化成了「捕鼠人傳說」。從韋爾在自己作品第四版出版之際曾親自造訪哈梅恩這點，也能確認這件事實。

再者，「吹笛手」與「一百三十名孩童失蹤傳說」做為庶民對當時社會狀況的反應，並經由哈梅恩庶民之口傳承下來，因此將「吹笛手傳說」轉化成「捕鼠人傳說」的，毫無疑問應該是當地庶民。

那麼，有沒有什麼條件能讓我們用來解釋這個轉化歷程呢？

如前文所見，一五五一到一五五三年間的哈梅恩市，簡直像是被上帝完全捨棄一般，各式各樣的災難接踵而至。一百六十戶房屋被大火一口氣吞沒、黑死病奪走超過一千四百條人命、再加上大洪水襲擊，人們的身心已經疲憊到了極點；然而還有比天災更嚴重的東西，那就是宗教戰爭。

在下薩克森地區，布勞恩史懷克－沃爾芬比特爾公爵亨利希（Heinrich II. der Jüngere von Braunschweig-Wolfenbüttel, 1489-1568）視路德派與相關城市為不共戴天之敵，準備對他們發動攻擊；面對這種局勢，哈梅恩和希德斯海姆等城市在一五四二年結為同盟。可是，哈梅恩內部支持天主教的騎士階級與分院勢力仍舊根深蒂固。就在這樣的對立態勢下，一五四六年皇帝向新教諸侯組成的徐馬爾卡爾登同盟（Schmalkadischer Bund）宣戰，當時新教陣營的哈梅恩及其週遭地區，有許多仍信奉天主教的騎士與傭兵參加了戰爭，據說背後還有分院與天主教派市民的資助。因此，天主教陣營意圖讓哈梅恩成為打破新教陣營團結的一根釘子，而被他們讚為「豐富的武器庫」。新教陣營的勇將黑森侯爵「勇者」

菲力普（Philipp I. der Großmütige von Hessen, 1504-1567）對此大為光火，威脅要破壞哈梅恩，把這座「武器庫」澈底殲滅。聽到這個消息，激動的新教派市民便襲擊了分院，還把修士綁到樹上。然而，皇帝戰勝了徐馬爾卡爾登同盟，亨利希也揮師哈梅恩近郊，準備展開進攻。哈梅恩市議會為了應對迫在眼前的圍城之急，建起了風車；這是他們為了守護信仰，向邦國君主表現奮戰到底的決心象徵。

一五五三年春天，亨利希向威悉河進軍。對此，新教諸侯與城市嚴陣以待。在這種局勢下，市議會迎進了同盟者，勃蘭登堡—庫爾姆巴赫邊區伯爵阿爾布雷希特。結果，市內的舊教派陣營與邊區伯爵的軍隊間不斷發生小衝突，最後導致邊區伯爵軍隊洗劫了以舊教派陣營居所為主的整座城市，弄得一片殘破。市議會宣稱為了防衛城市引進別處的軍隊，結果反而讓市民蒙受重大損害。

這種宗教戰爭中最大的受害者，不用說自然是市民；特別是一般庶民，他們受到一五三一年以來的災害加上戰火所逼迫，已經到了自暴自棄的地步。市內成天口角喧譁不斷，賭博不再只是日常娛樂，而是到了把生計都賭上去的程度，墮落的男女關係與離婚也成為家常便飯。然而不管再怎麼耽溺於賭博與性愛，他們還是無法從中尋得希望與救贖。於是他們成群結隊，前往附近皮爾蒙鎮的聖泉朝聖，試圖探求得救的方法。除了哈梅恩人以

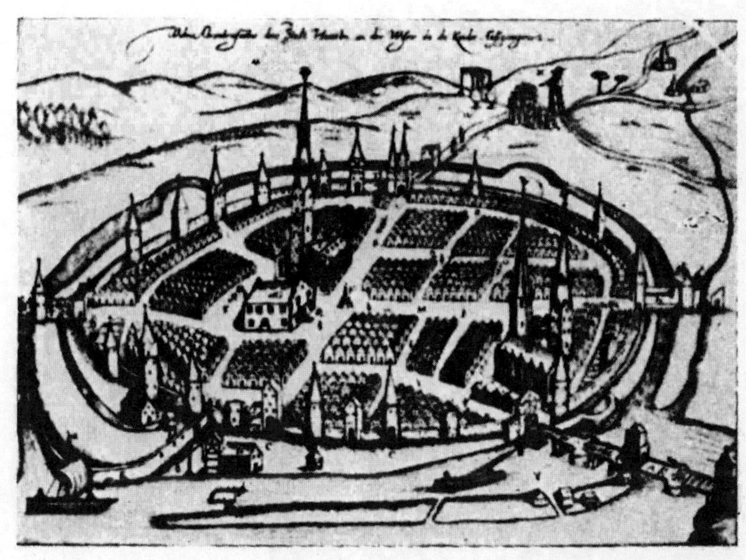

1622 年小冊子上描繪的「吹笛手帶著孩子失蹤」(下圖為上圖右上方放大)

外，這座聖泉也吸引了許多來自其他地方的朝聖者。

然而，在這種無情的現實生活所導致的創傷下，成為政治及宗教對立犧牲者的庶民，也開始萌生出對為政者的批判之心。在大約十年前的一四五〇年，附近的埃因貝克市發生大火；埃因貝克人都相信眾所憎惡的亨利希公爵是縱火犯，因而對他痛恨不已。

幾乎也在同一時間，哈梅恩的「吹笛手與一百三十名孩童失蹤傳說」轉化成了捕鼠人與市議會背信忘義的傳說。這個城鎮自古相傳的傳說，至此突然展現出銳利的政治輪廓；「明明是市議會該負起災害的責任，最後卻是孩子與貧窮的雙親必須償還」，它以這樣的形式，展現出庶民對持續來襲的天災人禍所感到的怨憤之情。

在當時的哈梅恩，沒教養的一般庶民面對災害、戰亂和無止盡的各種惡事，被迫成為犧牲者，但他們既沒有手段、也沒有組織可紓解這股導致他們憤怒與非難的怨恨，更無法透過文字紀錄讓他們一洩鬱悶之情。然而正因為如此，這些身為犧牲者的庶民更能夠以直觀方式凝視真實，並透過某種形式將它宣洩出來。這時，身為文盲的他們能夠表現自己的手段，就是父祖輩所留下，將找不到宣洩口的苦悉數沉澱、凝縮成的「古老傳說」。社會底層的呻吟與苦痛，這樣的事物若直接以言語表達，即使內容再生動，在庶民眼中都只是謊言。事實上，正因庶民自己生活在最深的苦難之中，所以他們才下意識地將這種苦難加以過濾，以不帶情感的型態凝聚在一則傳說之中。就這樣，過去人們恐懼的「吹笛手」與「捕鼠人」，變成了庶民心中和自己共享憤怒、悲傷、絕望的存在。因此我認為，將「捕鼠人」描述成和庶民同樣遭到背棄的存在，其實正展現了當時庶民絕望之深重。

此後，「哈梅恩的吹笛手傳說」就成了捕鼠人復仇的傳說，廣傳到全世界。政治及宗教上的主義與信條之爭，犧牲者往往都是庶民與孩童；這個傳說透過「捕鼠人復仇傳說」的轉化歷程，從局限一地的傳說，一躍成為具有普世意義的傳說。

被傳說操弄的哈梅恩市

就像這樣，「一百三十名孩童失蹤傳說」以「捕鼠人對市議會背叛的復仇故事」之姿，廣泛流傳到德意志全境，讓哈梅恩市政當局陷入了苦境；畢竟同時代的人們都覺得這個傳說背後有著普遍真理，從而用疑惑的目光看待當局。沒有自己的世界觀，也沒有可構成世界觀之學問的民眾，便透過傳說來理解現實世界。

就在該傳說做為「捕鼠人的復仇故事」於街頭巷尾流傳之際，有一本書扮演了決定性的關鍵角色，那就是一六五四年薩繆爾．埃里希的《哈梅恩的失蹤》。埃里希過去曾在哈梅恩擔任拉丁語學校校長，從那時起他就博覽文獻，並在一六四三年表明該傳說的核心乃真實發生之事。

當埃里希卸下校長職務改任瓦倫森村牧師、有了閒暇後，便寫成了這本書；他雖說這本書是獻給哈梅恩市議會、公會及全體市民，但卻也尋求保護，以免批評他的人傷害他；而雖然他完全沒有中傷市政當局的打算，但這本書還是無法在哈梅恩印刷，只能到隔壁的林特爾恩印行。由此可以看出，有很多人對他的行動感到不滿，試圖加以妨礙。

埃里希認為這則傳說乃真實發生之事，將其解釋為是上帝因某種迄今不明的罪過之故，命令惡魔擄走孩童。他更引用眾多文獻，指出事件發生在六月二十六日，而驅逐老鼠也是真實事件。埃里希也認為，市鎮拒絕給予「捕鼠人」報酬是正當的行為，畢竟對魔術師不需要遵守約定；市政當局只是做了符合基督教的行為，因此責任完全不在他們這一邊。

埃里希在這本書匯聚了大量的材料（資料），以接近現代學術研究的方式來論辨傳說的真偽，故此它本身就具備了足以大賣的特質。埃里希將埃爾富特的孩童舞蹈遊行、兒童十字軍、往聖米歇爾山的兒童巡禮、迪雷．戈爾布（偽腓特烈二世）等與哈梅恩事件並列，當成歷史事實加以敘述。

埃里希表示，從這起事件可以看出這個時代的悲慘，在哈梅恩也能看到惡魔的行徑。不管怎麼說，埃里希的作品首次針對本傳說在歷史方面的真偽提出疑問，成為後世研究的出發點。

然而在一六五二年，威爾芬家族接獲麥茵河畔法蘭克福的梅莉安書店（以製作地理書著稱）的請求，希望他們能幫忙製作一份新版的布勞恩史懷克—呂訥堡地理志，於是他們要求麾下各城市提出相關沿革報告；一六五三年，哈梅恩也提出了《給宮廷的報告》。這篇地理志把「捕鼠人與一百三十名孩童失蹤」的傳說當成是編造的故事。哈梅恩當局原本不希望這個傳說收錄於地理志，但梅莉安書店的編輯馬丁・柴勒還是採用了這則傳說。不過哈梅恩市在報告中只收錄了一百三十名孩童失蹤的部分，至於捕鼠人驅逐老鼠及其他相關部分則都遭到刪除。

就在這份《給宮廷的報告》提交出來，即將付梓之際，埃里希的書籍刊行，而且獲得了廣大的迴響；因此，市政當局會認為埃里希的書是在打自己出版的《給宮廷的報告》臉，也是無可厚非。市議員賽巴斯汀・修皮卡（Sebastian Spilker）就寫了《關於哈梅恩孩童失蹤事件之反駁》來批判埃里希。修皮卡主張，以學術探究這則傳說的傳承可發現，它是為了嚇唬孩童才編造的故事，而城市法政登錄簿《多納之書》上的紀錄也是之後才加進去的，因此這個傳說完完全全就是虛構。

過去哈梅恩市為了考量訪客，刻意建造了紀念碑（新門），現在卻自己否定了這則傳說。在市政當局這種態度變化的背後，其實跟當時嚴格的生活規範下，做為鬱悶庶民生活情感的宣洩口——亦即魔女信仰、魔女審判的發展有關。

一六五二年，哈梅恩市再次舉行了魔女審判；這次在市場被燒死的，是一位于爾岑出身的貧窮鞋匠吉雷蒙。據說身為女僕的她，在我們無法理解的亢奮狀態中，以縱火行為展現了對市政當局的憎惡之情。一六六〇年也因為同樣契機，哈梅恩市中心有四十四間房屋燒毀。在這種狀況下，埃里希的書籍出版了，裡頭將「捕鼠人」視為惡魔、把包含市政當局背叛在內的整個傳說當成歷史事實，還廣受眾人好評，當局自然不能坐視不理，必須採取行動否定整則傳說。

根據在《每月》（*Der Monat*）雜誌上介紹范恩理論的歐唐納（J. P. O' Donnell）所言，市政當局從很久以前就已開始抹去孩童失蹤的相關紀錄，目的是為了防堵人口源源不絕往東方流出；但十六世紀後，他們更有了積極的理由來否定這則傳說。哈梅恩是個以水車磨坊為主要經濟基礎的城鎮，如果老鼠這個穀物大敵的傳聞傳開來，那對哈梅恩市的經濟繁

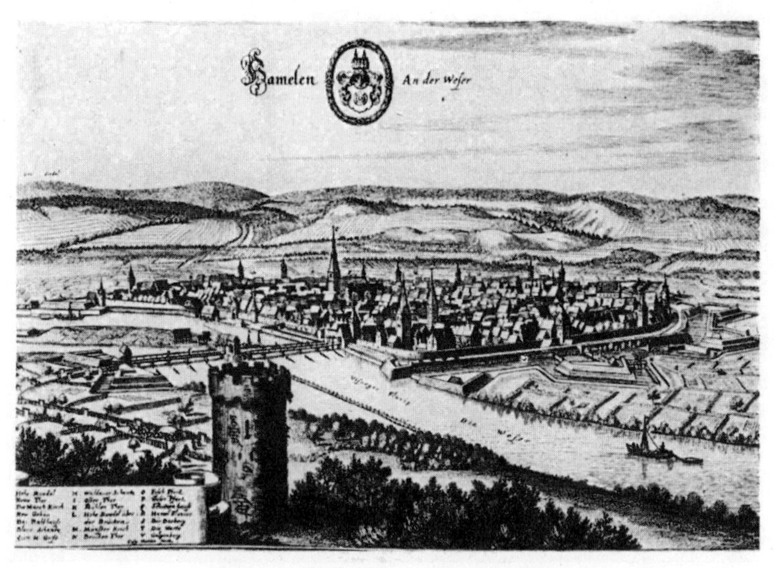

1650年左右的哈梅恩（梅莉安書店繪製）

榮將是一個致命打擊。對於這樣的說法，我們也不能全然無視。不管怎麼說，修皮卡的《關於哈梅恩孩童失蹤事件之反駁》反覆採用了學術論證，本身是一部優秀的作品；儘管如此，它卻完全沒有普及，反而是埃里希的作品多次再版。簡單來說，市政當局和沉默的庶民環繞著這則傳說，展開了一場格鬥，最後以市政當局的敗北作收。

第二章　近代傳說研究的序章

傳說的普及與「研究」

「吹笛手與一百三十名孩童的失蹤」這則傳說，原本只是哈梅恩這座城市的傳說，但在加上「捕鼠人對市議會背信的復仇」這個主題後，就具備了普遍性意義。

不管在什麼地方，天災人禍都不會消弭；不管在哪裡，政府當局對庶民的苦難都無動於衷。即使有無名英雄挺身而出，去除庶民痛苦的根源，但當局往往不會給予這些英雄合理的待遇，反而對他們加以論罪；到最後，災難還是統統都得由庶民來扛。不只如此，大人世界造就的醜惡與罪業，扛下責任的往往是無辜的孩子。只要人們每天都體會這樣的「現實」，這則傳說就有打動全世界的力量。

然而哈梅恩這個地方小城的傳說要普及到全世界，不能只依靠迄今為止的口傳方式，還必須仰賴文字或書籍等媒介。而透過這些媒介將傳說介紹給全世界的，當然也不是幾百年間父傳子、子傳孫，代代相傳的一般庶民，而是知識分子階級。十七世紀，正是知識分子在這個領域特別活躍的時代。

在這個時代，人們依舊認為日常生活與自然現象的關係乃是受超自然力量所決定，而人類生活的深層也被認為不容易掌握。宗教利用根植於人們心中對未知的不安，仍舊擁有足以左右人心的力量。可是十七世紀的宗教，像是主張「隱形上帝」的清教徒或楊森主義[*]那樣，以在人們生活中挑起無言恐懼為能事；這種宗教別說給予慰藉了，根本是用嚴格的枷鎖在束縛生活。

在這種狀況下，許多知識分子一邊探究造成他們恐懼的泉源，一邊蒐集無法用知識所解釋的奇蹟與不可思議的事件，換言之就是將這些不可解的現象加以客體化；透過這樣的方式，他們為將來的啟蒙思想奠立了基礎。對他們而言，哈梅恩的事件正是個絕佳的題材，因此在這個時代，透過許多人的傳述，這則傳說也有了各種不同的面貌。

早在一六〇一年，德意志法學家菲力普．卡美拉留斯（Philipp Camerarius）就在《歷史的樂園》一書中介紹了這則傳說；卡美拉留斯表示，雖然不相信的人還是很多，但如一般所知，這個故事在各方面都是真實的。他認為該故事能傳達出人們對鼠害的應對態度。

一六一四年，亨利希．克恩曼（Heinrich Kornmann）在《令人畏懼的山》、《不可思議的生活》論及了世界的群山；其中也討論到「以吹笛手或捕鼠人之姿現身的惡魔手段」，以此方式敘述該傳說。

一六五〇年，基爾謝在羅馬出版了前面提過的《普遍的音樂技法》；一六五四年，上一章提及的梅莉安地理志出版；一六六六年，約翰尼斯．托洛斯特（Johannes Tröster）在《新舊德意志達西亞暨外西凡尼亞之敘述》（紐倫堡）提出了哈梅恩的孩子們遠赴外西凡尼亞，成為當地薩克森人的祖先這一說法。不用說，這當然是後來外西凡尼亞移民說（德人東向移民拓殖說）的先聲，同時還挑起了基爾謝和埃里希的爭論。

除此之外，杜柏廷的史料集還收錄了好幾位有關這則傳說的作者；後來的傳說研究的主題，幾乎在這時都已經以各種形式被提出。就這層意義上來說，儘管批判不甚充分，選擇也很恣意，但十七世紀作者們這種堪稱百花齊放的活力，實在值得注目。在此同時，這些作家也幾乎都是哈梅恩以外的人，並且在各自地區出版他們的作品，由此可知，這則傳說已經遠離了哈梅恩這座威悉河畔的小城市，成為全世界知識分子關心的對象。

---

* Jansenism，出現於十七世紀，是一種強調原罪、人類的全然敗壞、恩典的必要和預定論的神學論述。

然而，這些作品在素材方面幾乎都是仰賴韋爾、基爾謝或埃里希，因此都只是以某種形式加以肯定這則傳說的真實性，並加上各自的解釋而已。直到一六五九年，荷蘭的馬丁・肖克（Martin Schoock）對埃里希展開批判；他正面迎戰這個傳說的真偽問題，斷定它是虛構故事，並嘗試探究傳說成立的歷史背景。他的論述堪稱是近代傳說研究真正的開始。

肖克的作品《哈梅恩寓言》（*Fabula Hamelensis*）出版於格羅寧根，他論述真理與虛構、歷史與寓言間應有區別的原則，並從同時代人完全沒有紀錄這點，得出「這則傳說不可信」的結論。他認為埃里希蒐集的史料不值得信賴，所謂的城市法典也不存在，而且這個故事違背了上帝的法則，也違反了人類的常識，破綻百出，實在沒辦法讓人簡單接受；因此，它只是「俗眾編造出來的故事」，亦即只有無知庶民會相信的故事。

然而，肖克也認為不管是什麼傳說，都必然具備某種真實的開端，所以他試著探索這則傳說在歷史形成過程的開端所隱藏的真實核心，並檢視如二十八到二十九頁所羅列的各種可能性。因此，肖克是第一位探究這則傳說形成歷史背景的近代研究者。

在肖克以後，德意志陸續有尼古拉斯・紐倫伯格（Nikolaus Nielenberger，一六七一年）、法蘭茲・沃格（Franz Wörger，一六七〇年）在學位論文中概括了這則傳說的研究。

這些人都批判肖克，並替埃里希辯護，但內容並無特別值得一看之處。其他還有像沃爾夫（一六七〇年）、布迪（一六九二年）、謝爾基究斯（一六八八年）、皮聘（一六九〇年）等人的學位論文刊行。施帕努認為這些研究都沒有什麼獨特的價值，但我感興趣的是，埃里希和肖克的議論，觸發了當時學界把哈梅恩傳說當成研究對象這一點。庶民之間長期流傳的這則傳說，一躍成為知識分子關心的對象。

但在此同時，這些「研究」當中還是有主張「吹笛手」乃是惡魔化身的論述（皮聘）。肖克投下的石子要激起漣漪、讓近代研究更加深化，得等到十八世紀了。

萊布尼茲與啟蒙思潮

在一六九三年的荷蘭，肖克的弟子、牧師巴爾薩澤．貝克出版了《魔法操縱的世界》（*De betoverde wereld*）；書中他主張拒絕惡魔信仰，並和當時一息尚存的魔女信仰奮戰到底。這本書立刻被翻譯成德語、法語、英語，獲得了廣大的回響。

貝克主張「魔法之類的事物，只要不相信就不存在」，因而引起教會反感，結果丟掉

巴爾薩澤．貝克（Balthasar Bekker, 1634-1698）

了牧師職務。從這種立場出發，貝克把哈梅恩傳說也歸類為不可信的「編造故事」之列。一個城市遭受嚴重鼠患並非不可能，但一百三十名孩童跟在一個陌生人背後離開，卻沒有任何人試圖阻擋，這就不可能了。

就這樣，貝克批判埃里希，表示該傳說是虛構的故事，是該隨著時間被淘汰的東西；但就像施帕努所指出的，這個結論顯示貝克在原則上並未脫離埃里希對問題設定的框架。說到底，傳說究竟是歷史事實還是虛構故事，像這樣的問題討論方式，正是啟蒙時期傳說研究者的共通觀點；他們大多只是設定好合理的判斷基準，來暴露傳說的非理性罷了。於是，他們一方面輕蔑那些深信非理性且虛構的傳說、在非理性世界中生活的俗眾，一方面主張啟蒙的必要性。

比方說像約阿希姆．康拉德．雷卡和約翰．腓特烈．穆勒等人就批評，「俗眾到了十七世紀，還在相信這麼無聊的故事」，把這個傳說完全當成虛構。確實，和「捕鼠人傳說」結合的「哈梅恩一百三十名孩童失蹤傳說」就算存在歷史真實的核心，也只是一個虛像。可是，認為這個虛像不是史實就將之否定的啟蒙思想家大多無法理解，對民眾而言，在長年累月的辛苦中宛若滴水穿石般累積出來的虛像，遠比無味枯燥的「史實」擁有更重要的意義。

質問傳說真偽的原始樸素研究階段以肖克為先驅，後來因萊布尼茲（1646-1716）而有了澈

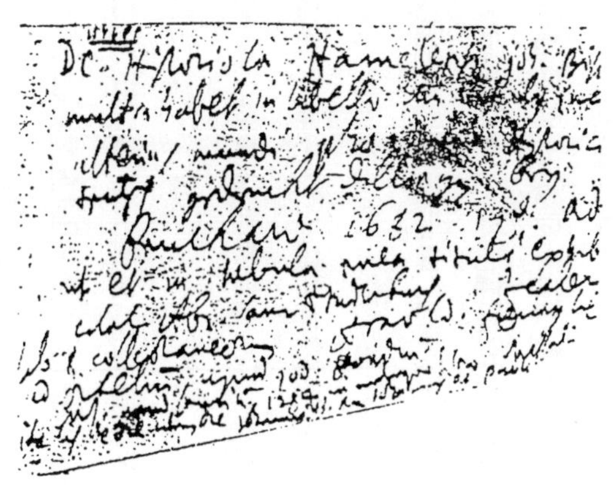

萊布尼茲的筆記

底超越的發展。

一六九二年，法國貨幣學者德阿納爾（Toanar）詢問萊布尼茲，一些書籍描述哈梅恩市採用了某種「特別的曆法」，那麼其他城市和國家也有類似的曆法存在嗎？萊布尼茲於是蒐集了從哈梅恩市到漢諾威的史料，又參照了埃里希和肖克的作品。他的回答是：「雖然關於哈梅恩的獨特曆法沒能做出任何確切的判斷，但可以想像，這個傳說背後隱藏著某種真實的歷史典故，同時它也讓我想起有關兒童十字軍的事件。」

為了回答德阿納爾的問題，開始調查這則傳說的萊布尼茲寫完回信後，自己似乎也受傳說之謎所吸引，留下了好幾段關於這則傳說的斷簡殘篇。當中有一段，他寫到帶走哈梅恩孩童的是被稱為「隆希法」的妖怪，據說這種妖怪和受到上帝懲罰、從庇里牛斯山被放逐到西利西亞克爾科諾謝山的盧貝札爾（Rübezahl，德國、波蘭民間傳說中的山精之王）是同一事物。在論及基爾謝的《普遍的音樂技法》時，他也加上了自己的意見；對於基爾謝主張「是惡魔帶走孩子」這個部分，他說：「在我的想像中，這絕不是惡魔所為，而是專拐小孩的騙子或人口販子所為。我們都知道即使到現在，也還有騙子將小孩賣給土耳其人的事情發生……。」

在最後的筆記裡，萊布尼茲論及了哈梅恩事件跟兒童十字軍之間的關聯。他先根據維泰博的戈弗雷（Gottfried von Viterbo）記載的故事，介紹了兒童十字軍朝馬賽、熱那亞前進，雖然一部分人被布林迪西主教制止，但搭上船的孩童或者被賣給薩拉森人（回教徒），或者沉入海中；接著他在結尾加上了這樣一段話：「這起事件跟哈梅恩傳說所述的時代相當一致。我想這時候，也發生了哈梅恩孩童離開的事件。」

就像這裡所見到的，比起質問傳說究竟是真實還是虛假，萊布尼茲更重視這則傳說在歷史背景的事實下被形塑出來的歷程。萊布尼茲表示，「這個傳說背後隱藏著某種真實」；肯定並不斷追尋傳說背後的歷史事實，在他以後直到現在，這樣的研究態度都不曾有所改變。

由於萊布尼茲的調查是用手寫而非印刷出版，因此對同時代人並未造成廣泛的影響，但伴隨啟蒙思潮的發展，它仍然為以歷史學方式解開傳說之謎開闢了一條道路。在這種狀況下如前所述，到了十八世紀，各式各樣的論點紛紛產生。

最先登場的是提倡「賽德蒙德之戰說」的約翰・克利斯多夫・海倫堡（Johann Kristof Halenberg）。他在一七四〇年左右的紀錄中說，哈梅恩市的守護艾菲斯坦呼籲抵抗城市不願接受的新領主（明登主教），並在一二六〇年七月二十八日迎戰主教軍的攻擊，在賽德蒙德爆發戰爭。在這之前，主教悄悄派遣吹笛手進入哈梅恩市，與有戰鬥能力的市民子弟約定「如果照我的話做、跟著我走，你們就能獲勝」，將這些子弟從教堂和市內誘出後突襲；戰爭結束後，共有一百三十名被俘年輕人送往明登，這則傳說就是這樣誕生的。賽德蒙德之戰說的歷史根據相當薄弱，但海倫堡把這個傳說的背景當成具體史實來討論，並進行歷史學式的解釋，對往後的傳說研究產生了很大的影響。

直接受到海倫堡影響的是克里斯多夫・腓特烈・法因（Christoph Friedrich Fein）。法因在一七四九年出版的《被揭露的寓言：哈梅恩孩童的失蹤》（*Die entlarvte Fabel vom Ausgange der Hamelischen*

Die entlarvete Fabel
vom Ausgange
der Hamelschen Kinder,
Eine nähere Entdekkung
der dahinter verborgenen wahren Geschichte.
Von
C. F. Fein.
La mythologie & les fables expliquables par l'histoire. BANIER.
Nebst Beylagen.
Hannover, bei Johan Christoph Richter. 1749.

范恩作品的封面

Kinder）中，一方面主張賽德蒙德戰鬥說，一方面把自己在哈梅恩市新門發現的碑文和這場戰鬥結合，主張孩子們的失蹤不是在一二八四年，而是一二五九年。就像我們所見，新門上的碑文是從一五三一年往回倒數兩百七十二年，因此正好是一二五九年。就這樣，法恩確立了「賽德蒙德之戰乃此傳說背景」的說法；在之後很長一段時間內，這個說法都被認為是真正的解答。在許多作者為了祖國解放戰爭與德意志統一而努力的情況下，一時之間這個說法膾炙人口、不斷被人傳述。

除此之外，這個時代還出現了孩子們死於地震、被人口販子拐到外西凡尼亞、甚至還有移居美洲等各式各樣的說法，但每一種都不具備特別有力的證據。

將「哈梅恩的捕鼠人傳說」當成民眾的虛構故事加以否定、並透過理性的驗證剖析其歷史背景；這些知識分子的努力在啟蒙思潮的影響下達到最盛，並開花結果。但啟蒙主義思想暴露出民眾傳說的非理性、嘗試將民眾導往理性的「近代」世界，過程中也否定了本身蘊含反權力內容、自由奔放的傳說性格，從而貫徹知識階級對庶民的支配。

浪漫主義的解釋及其功過

十九世紀的德意志與英法不同，並沒有形成統一的國家，依然是為數眾多的邦國。面對這種分裂的情況，市民階級認為應當由下而上加以克服；但鑑於德意志市民階級比起先進資本主義國家的市民階級來得弱勢許多，他們也認為必須仰賴強大的邦國、特別是普魯士王國的武力與政治力，來主導國家統一。事實上，普魯士也正逐步準備一統德意志。可是光仰賴武力及立基於此的政治力，仍然不足以統一；對國家統一來說，掌握人心是不可或缺的前提，而在這一點上，普魯士面臨很大的困難。說到底，德意志各邦國都擁有足以回溯到古日耳曼部族大遷徙時期、各具特色的歷史傳統，語言和風俗習慣也頗為相異。這些邦國普遍擁有「我邦領土即國家」的意識，也各自擁戴君主。可想而知，這對德意志凝聚為一個整體會是多麼大的障礙，光是流經哈梅恩市旁邊的威悉河，在十六世紀就設有二十二處關稅站。

正因如此，當由上而下推動國家統一時，除了武力之外所必須具備的，就是必須營造出超越各邦國現存差異的共通之處，如此方能創造德意志全境統一的基礎。在這種情況下，中古時期德意志第一帝國的歷史遂浮現出來，成為十九世紀德意志民族統一的決定性關鍵，而中古史研究也以「對德意志民族共通過去的研究」之姿，在十九世紀的德意志各地蓬勃興起。[17]

和中古史研究同時，出於超越各邦國差異、找出德語圈人民共通的生活方式、並彰顯民族一體性的民俗學研究，也盛極一時。

懷抱這種意圖與方向的中古史及民俗學研究，並非全盤延伸自啟蒙主義傳統。啟蒙主義是從舊封建制與專制主義體制的對決中誕生的，但德意志的中古史及民俗學研究並不是在這兩者的鬥爭中向前發展，而是超越它，以貫徹「發現民族共通歷史遺產」的志向為宗旨。換言之，十九世紀德意志的知識分子及中產階級在朝向形成近代統一國家的志向邁進之際，也為了汲取庶民的歷史感和生活感，而不斷致力於民間傳說採集與地方史研究。

所謂的浪漫主義運動，便可視為是這些努力當中的一環；特別是格林兄弟對古老判例與古傳說的蒐集，更是扮演了決定性的角色。格林兄弟透過重現德意志民眾過去的生活，從而發掘出讓德意志民眾運動傳統復甦的可能性，這點不能不給予高度評價。

但我們也不能忘記，對民眾傳說的採集與確認，就某個層面來說也是**由上而下**，汲取並處理構成近代國家支柱的民眾生活情感。格林兄弟只是從書籍中抄錄哈梅恩傳說，而不是像真正的童話那樣，將口傳原型透過自己的筆加以創作自己的作品。故此，浪漫主義固然能幫助我們解讀傳說更深刻的內在本質，但並不能為傳說創造出新的形式。

浪漫主義的研究者對啟蒙時期學者那種以理性分析傳說、揭發其非理性部分的方法，抱持著否定態度。不管怎樣的傳說或童話，都和神話故事一樣，光是其本身意涵就有取之不盡、用之不竭的價值；因此從啟發民眾精神這點來看，比起歷史學式的分析或研究，還不如重現傳說，讓它自己發揮作用，並為眾人共享。這就是浪漫主義者的努力方向。這個方向確實比啟蒙時期的研究又往前跨出了一步。

可是，遠離傳說形成的歷史學分析，將某種已確立的傳說形式當作民眾精神的啟示加以採擷，就另一方面來看，這種方法必然會讓原本具備延展可能性的民眾精神絕對化，並朝著固定化的方向發展；這條路走下去，必然會尋求絕對化的基準，也就是和日耳曼部族時代的神話世界彼此連結。格林兄弟自身從神話的角度來理解傳說和童話的諸多特徵，但這個方向到了他們那些並不特別優秀的繼承者手上，卻被推進得更加極端。

其中最具代表性的，是哥廷根大學威廉・穆勒（Wilhelm Konrad Hermann Müller）的《哈梅恩不幸孩童的失蹤》（1843）。穆勒在書中批判了把賽德蒙德之戰與一二八四年孩童失蹤這兩起事件當成傳說成立背景的論點，原則上拒絕將傳說的成立歸因於現實歷史之中各種特定狀況的方法。

為了製作魔藥，被殺害烹煮的孩童

他認為，不管基於多明顯的歷史事實，說穿了民眾還是喜歡傳說具有神話色彩。這種特徵在「吹笛手」的描寫中可以看出；「吹笛手」是彷彿妖精般的存在，妖精經常穿著幻想的服裝，遭到不當對待時便會報復，特別是使用音樂從母親手中奪走小孩、將人誘進荒山野嶺。就這樣，穆勒單純將構成這個傳說的主要素以神話學方式分解，並加以解釋。

弗里德里希·諾爾克（Friedrich Nork）在《民眾傳說與童話的神話學》（*Mythologie der*

Volkssagen und Volksmärchen）論及老鼠在西歐神話扮演的角色時，也提到了哈梅恩的傳說。他認為這個傳說成立的背景，是疫病造成大量孩童死亡。城鎮拒絕給予「捕鼠人」報酬之際，黑死病正四處蔓延；而「孩子們被帶到山中」，其實是中世紀庶民對「被帶往死者國度或地底」的一種表現手法。「禁止舞樂之路」這個名字則是因為送葬隊伍通過而得名。

沃爾夫（Johann Wilhelm Wolf）在《德意志神話學研究》（*Die deutsche Götterlehre*, 1852）則主張，人們在山中行蹤不明往往都是侏儒（山精）所為，「哈梅恩的吹笛手」應該也是類似的侏儒；前面介紹過的洛爾施傳說可做為映證。

除此之外，還有人從死者的靈魂糾纏生者這點出發，認為日耳曼部族的最高神祇——統率死者的奧丁（沃坦）之性格形成了哈梅恩傳說。在這種觀點下，老鼠被認為是死者的靈魂。另一方面，關於孩子們代替老鼠被帶走這點，則有人指出在德意志，孩童經常被稱為「小老鼠」（mäushen）。講到這種地步，其實已經失去了認真討論的意義。

這樣的例子不勝枚舉，而像這種恣意的解釋，也展現了浪漫主義最庸俗的一面。不管怎樣的傳說或神話，其本身都有取之不盡、用之不竭的無限價值，是民眾精神的啟示；這些作者於是從這個重要的論點出發，任意創造「民眾的精神」與「無限的價值」。

就這樣，民眾在漫長歲月間傾訴生活苦痛、口耳相傳的傳說，被這些知識分子以居高臨下的姿態加以解釋，放在假設的價值中做判斷，認為「庶民的心態就是如此這般」。然而，這種解釋的嘗試並不僅是一種知性遊戲，往往還具備了強烈的政治性格。莫里茨・布許（Moritz Busch）的解釋就是一個好例子。布許在一八七五年於政治雜誌《邊界信使》（*Die Grenzboten*）上提出了一篇論文，他認為「吹笛手」具備了神話的內核。賽德蒙德之戰及其後發生的種種，都是從條頓異教時代便在威悉地區日耳曼部族間一直存續的神話加以結晶後的產物。「吹笛手」是亞利安—日耳曼部族的死神，這位死神帶走了人類。布許在最後又加上這麼一句：「就跟永遠的猶太人一樣，捕鼠人也在好幾年前重出江湖，在漢諾威全境吹響銀色笛子，卻沒有任何效果。期望當他第三次現身時，能夠帶走好幾千名的威爾芬黨徒……」以俾斯麥傳作者著稱的布許，將普魯士看成是德意志統一的象徵，並將它定位在「吹笛手」的位置上。不用說，對霍恩索倫家族的普魯士王國來說，以漢諾威王國為中心的威爾芬家族統治體制，自然是統一德意志的一大障礙與問題。漢諾威王國毗鄰普魯士，一八六六年威爾芬家族的格歐爾格／喬治五世（Georg V. von Hannover）站在哈布斯堡家族的奧地利帝國一方，反抗普魯士王國的侵略，結果慘敗。一八六七年，漢諾威被迫加入了普魯士領導下的北德聯邦（Norddeutscher Bund），一八七一年則成為德意志第二帝國的一部分。這些都是隱藏在布許話語後面的弦外之音。

卡爾．朱利葉斯．韋伯（Karl Julius Weber）在《德意志：或曰旅行於國內的德國人信件》（*Deutschland, oder Briefe eines in Deutschland reisenden Deutschen*, 1826）中，有更直截了當的論述。韋伯表示，這個傳說的核心很有可能是從幻想中擷取靈感的修士帶領孩子前去從事幻想的十字軍，也有可能是源自賽德蒙德之戰，之後突如其然出現以下這樣一段話語：「為什麼這樣的捕鼠人如今不再出現了？不能再讓這群鼠輩不知羞恥地啃食歷史悠久的貴族證書與特許證了。那些嚷著要革命的孩子們，高聲呼喊著憲法、法律，以及法律之前人人平等；因此，若捕鼠人能帶著這些德意志的渣滓穿過地底，丟入土耳其的黑海，應該會比在哈梅恩市所獲得的報酬還多吧……。」

韋伯似乎忘記了，「捕鼠人」並沒有獲得報酬。不管怎麼說，「捕鼠人」在這裡被賦予了鎮壓十九世紀革命運動的尖兵角色。⑱

和韋伯截然不同，喬治．弗里德里希．道默（Georg Fredich Daumer）提出了獨創的解釋。道默在《基督教古代的祕密》（*Die Geheimnisse des christlichen Alterthums*, 1847）中認為從古至今，人身犧牲的祕密儀式一直都是基督教教義的中心。他以此為出發點分析這則傳說，認為德意志城市在第一次哈布斯堡王朝的魯道夫一世在位期間，每座城市都要獻上一百名以上的孩童做為犧牲，哈梅恩的孩童也被當成犧牲，埋在附近的山上；換言之，他認為孩童是被殺害的。聖約翰祭正是獻上犧牲的祭典之日，至於為什麼晚於這天才舉行獻祭儀式，是因為擔心市民抵抗。道默甚至還描述了殺害的場景：

「吹笛手在村子裡漫步。恐怕是跟著聖職者一起。他的笛聲宣告雙親與孩子別離的時刻即將到來。市長克雷路波也將自己的女兒獻出，做為祭品。只有殘廢的孩子因為不適合當作犧牲，所以被留了下來，其他孩子都被帶到洞穴裡加以殺害，頭顱並排擺在地上。他們將擔負起守護這個地區的職責……。」

這種獻祭儀式每年都會舉行，只是通常每一家都會獻出一隻老鼠，做為孩子靈魂的替代品；但在一二八〇年的那樁恐怖事件之後，這個習慣改變了，改用實際的孩童做為犧牲。

我們該怎樣評價道默這本書呢？它在德意志三月革命之前出版，直到二十世紀仍有某家出版了眾多社會主義相關書籍的書店刊行；由此可以想像，它的讀者群必然不少。總而言之，從布許和韋伯等人開始，這則傳說的解釋又進入了另一個階段。

＊心理學家榮格（Carl Gustav Jung, 1875-1961）是奧丁說的提倡者。榮格認為，奧丁（沃坦）是無休無止的流浪者、曾是風暴之神，更是陶醉與激情的解放者。奧丁被基督教驅逐到惡魔世界後，便成為惡魔（即老鼠）和大地的主人。沃坦這個名字的含意就是「產生憤怒之物」，德國編年史家布萊梅的亞當（Adam von Bremen）在一〇七〇年也說「沃坦帶來憤怒」。奧丁的本質是陶醉，潛在於一切行動當中。這時候音樂扮演了很重要的角色，舉凡薩滿的舞蹈或戴奧尼索斯的祕儀，都伴隨著音樂。哈梅恩的捕鼠人正是被視為具備了奧丁精神；他將容易陷入陶醉的孩子帶進了這樣的世界。至於將孩子帶往山中這點，榮格認為在奧丁傳說裡，山也是不可或缺的角色；更進一步說，陌生的山內部，其實也是潛意識領域的象徵。

審定註

⑰早在十八世紀後半期，德意志文學界的許多代表人物，包括萊辛（Gotthold Ephraim Lessing, 1729-1781）及赫德（Johann Gottfried Herder, 1744-1803）等人，深感於德意志在政治上的分崩離析，因而致力於德意志民族文學及美學的建構。他們認為，藉由德意志民族文學與美學的發揚光大，將能使身陷各邦分立的德意志民族產生出共同歸屬感、塑造出德意志民族的共同情感。之後其訴求為德意志浪漫主義（Deutsche Romantik）文人及思想家所服膺，並進而擴展至文化層面上，遂大力宣揚的德意志歷史及文化，尤其是流傳於底層的庶民文化所具有的尊貴性及獨特性。原本聚焦在文化層面上的德意志浪漫主義，在一八〇六至一八一三年的拿破崙大軍占領德意志期間，全面轉變成為政治層面上的意識形態。由於法軍占領德意志期間的橫徵暴斂行動，致而點燃了全體德意志人的怒火並引爆了德意志民族主義浪潮，從而在一八一三至一八一五年的「解放戰爭」中抗擊並擊潰法蘭西占領軍。基於在抗法戰爭的歷程中，全德無分地域無分階級的奮勇犧牲精神，大幅提昇民族自尊心，從而使德意志浪漫主義者竭盡心力所推動的——藉由珍惜過往自身文化遺產而尋求民族再起的精神力量，在全德各地得到廣泛回響。頓時間，德意志人熱切地將其目光投向中古德意志第一帝國皇權、騎士精神、文學及民俗傳統等等，從而產生「德意志的未來就是德意志的中世紀」（Die deutsche Zukunft war das deutsche Mittelalter）之說，意謂中世紀的德意志歷史文化是德意志民族再起的精神泉源。

⑱此處主要是指一八四八年爆發的「德意志三月革命」（Märzrevolution），這場革命也是新興的德意志中產階級試圖由下而上，推動君主立憲、自由主義及法律之前人人平等這類訴求的最後一次嘗試。然而欠缺政治實力的德意志中產階級，並無足夠力量能夠逼迫德意志各邦統治君主，將政治權力分享給中產階級，因此當各邦統治者以宣布推動立憲政府為餌，先行弱化了起義群眾的意志，從而挺過了初期階段的革命浪潮之後，德意志各邦君主隨即在翌年一八四九年聯手壓制中產階級所推動的立憲君主制的德意志民族統一運動，使得由下而上的德意志民族統一行動遂宣告失敗。取而代之的是，從此之後轉由普魯士王國所主導，即由霍恩索倫王朝透過強力的軍事手段，推動由上而下的民族統一運動，最後歷經三次戰爭：丹麥戰爭、奧普戰爭及德法戰爭，之後成功在一八七一年打造出德意志民族國家，即德意志第二帝國。

第三章　存在於現代的傳說樣貌

做為象徵的「吹笛手」

十六、十七世紀以來，「哈梅恩的吹笛手傳說」做為教會與神學家教化民眾的手段、或做為釐清被難解命運操弄的德意志民族過去的手段、或做為協助解放戰爭與德意志統一運動集結民眾的手段，或做為庶民精神的展現，又或者只是單純做為知性方面的好奇標的，在神學、啟蒙思想、浪漫主義、史學等各方面，都成為眾人關注的對象。而在文學和音樂領域，這則傳說也被視為上好的題材，歌德在一八二三年即以《捕鼠人》為題，寫了一篇兒童取向、附插圖的抒情詩，獲得了廣大回響；舒伯特和沃爾夫等音樂家，更以這個題材創作曲子。

當這個傳說普及全世界的同時，在傳說中登場的吹笛手與孩童，也被賦予了某種象徵地位。「哈梅恩的吹笛手」，已經變成和七百年前發生在威悉河畔小鎮的事件全然無關的普遍名詞，從正面及負面意義上成了引領者及誘惑者的象徵。

事實上，歌德在《浮士德》第一部已經使用「捕鼠人」做為誘惑者與煽動者的代名詞；海涅也跟隨歌德，寫出「老詩人啊，你讓人想起哈梅恩的捕鼠人。在早晨吹響笛子之際，愛著你的小歌手就尾隨身後……」這樣的詩句。不只是文學作品，德意志內外的報章雜誌也普遍使用這樣的說法；當英國著名政治家格萊斯頓（William Ewart Gladstone, 1809-1898）因議案被否決、帶領在野黨退席抗議時，就被諷刺畫描繪成「捕鼠人」的樣貌。希特勒在《我的奮鬥》（*Mein Kampf*）中，也把與哈布斯堡結盟的人貼上「哈梅恩的吹笛手」標籤，而他自己後來也被貼上同樣的標籤。

以最近的例子來說，一九七一年九月十八、十九日，西德的《世界報》（*Die Welt*）刊載了一篇嚴詞抨擊哈佛大學心理學教授史金納（Burrhus Frederic Skinner）〈自由與尊嚴之外〉的文章；在該篇文章中，史金納被冠上了「哈佛的捕鼠人」稱號，原因是他的發言感覺就像是用觀察老鼠的方式，來討論人類問題。此外，著名的經濟學者以斯拉．米尚（Ezra J. Mishan）在他的《經濟成長的代價》（*The Costs of Economic Growth*）中，也指出高雇傭水平已讓西歐各國少年少女的財富成了伴隨經濟成長急速擴大的市場（所瞄準的對象）。他是這樣說的：「私人企業吹著紐約廣告街麥迪遜大道提供的魔笛，扮演了嶄新的『哈梅恩吹笛手』角色；跟在他們後面成群的年輕人，一邊把錢幣弄得噹噹作響，一邊爭先恐後地追逐流行趨勢，但他們卻不清楚自己是跟在誰的身後，也不清楚自己究竟要去向何方。」（都留重人監譯，岩波書店，二四〇頁；部分內容改譯）

於是，做為象徵的「吹笛手」，已經和做為傳說真正核心的庶民全然脫鉤，變成了一種象徵性的知識分子用語，被全世界使用。當有識之士用這個詞來諷刺哈佛大學教授時，大概沒有任何人會想起一二八四年六月二十六日失蹤的一百三十名孩子的命運。

活在傳說中的老學者

儘管學者和政治評論家提出了各式各樣的解釋，但這則傳說在民眾之間，直到現在仍是以基爾謝和格林兄弟所流傳的形式被傳述下去。從基爾謝傳述「孩子們穿過地底來到外西凡尼亞」的說法，以及埃里希也有幾乎同樣的敘述來看，這種說法在十七世紀中葉已經

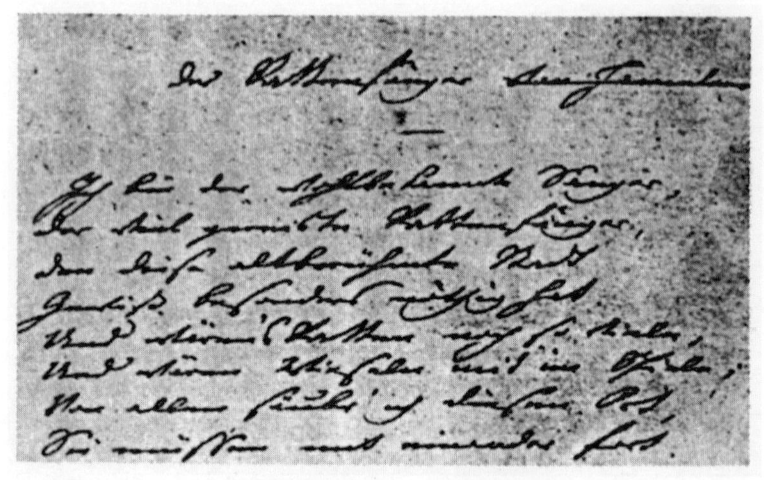

歌德詩篇《捕鼠人》的親筆原稿

相當普及；而在這之前的一五八九年，漢尼拔・努列維斯就已經傳述孩子們穿過地底、出現在新國度的故事，因此它在十六世紀也有了某種程度的普及。說到底，這種說法是在孩子失蹤這一令人難以承受的事實上試圖留下某種形式的救贖，從而加筆產生出來的結果。

可是，當有關這個傳說的歷史背景研究不斷進展的同時，在庶民之間，也把「孩子們離開這個艱辛的世界，踏上旅程，在某個遙遠國度過著幸福生活」的想法，深深烙印在這則傳說中。

不管學者怎樣解釋剖析，也不管「哈梅恩的吹笛手與一百三十名孩童失蹤」的傳說和原型產生了怎樣變化，有些東西仍然不曾

1900年左右的哈梅恩

被遺忘。當父母看著成長的孩子踏上旅途、和親友相互告別，離開住慣了的土地前往未知國度時，或是父母對當前生活感到絕望，期待孩子能找到另一個美麗燦爛的未來時，只要這種跨越各個時代不變的情景持續出現，人們的內心深處應該都會浮現這則傳說吧！另一方面，只要人們仍不停止用歧視的眼光看待他者，「吹笛手」也就會在每一個時代不斷登場。

不妄自尊大去評斷傳說，而是理解庶民的心情、浸淫在傳說的世界並以此為生，這樣的研究者也必定會在某地出現。早在一七〇五年，就有一位無名氏撰文批評啟蒙主義者貝克用「知識的傲慢」解釋並否定傳說，認為這樣的作法並不能掌握傳說的本質；他認為，傳說本身就擁有不管如何研究或批判，都無法剝奪的獨特價值。（施帕努《哈梅恩的捕鼠人——古傳說的成立與意義》，一五〇頁）

二十世紀也有這樣一位研究者，是我們不能不提及的，那就是本書後半多處引用的德國歷史學家亨利希·施帕努（1873-1958）。

「哈梅恩的吹笛手」傳說似乎有種魔力，能夠引人入勝、讓人深陷其中。就像在前言中所提及，我自己也是在偶然的契機下被這則傳說吸引，從而一頭栽進它的世界，最後終於寫出了這樣一本書；前面講過的范恩，也是這樣的一個人。

范恩關心的根源，是從原德意志東部領土及中東歐地區被強制遣往西德、東德及奧地利，數百萬德意志人的悲嘆與希望；他深深地希望，那些七百年來不得不捨棄自己故鄉的人們，能夠在七百年前的「吹笛手傳說」中發掘出自己和失落故鄉之間的羈絆。

但是，范恩和我都是在還稱不上老年的時期，就已開始投身這項工作；做為研究者，我們對研究對象抱持著深深的愛意與緊張感，也是理所當然。然而，當一九五一年施帕努向哥廷根大學提出《哈梅恩的捕鼠人——古傳說的成立與意義》這篇學位論文時，已是七十八歲的高齡。

在論文末尾的簡歷最後，施帕努多少有點自豪地說：「我在一九〇〇年七月十二日和瑪莎．奧德爾結婚，兩年前我們健健康康地慶祝了金婚儀式。我有七個孩子，兩個幼年夭折，一個在這次大戰的一九四二年九月戰死於史達林格勒；我還有十七個孫子。」在七十八歲時提出學位論文，即便是老研究者眾多的歐洲，也是非比尋常、甚至極為稀有。不只如此，他的論文還獲得了「極優」（magna cum laude）的評價。到底是什麼驅使著施帕努，讓他做到這種地步呢？

施帕努出生於一八七三年，父親是漢諾威的牧師。在哥廷根與馬格德堡大學修習神學和哲學後，他「忍不住想成為教師」，便在杜爾姆的文理中學校當起了老師。在這段期間，他又回到哥廷根研究歷史與德語，一九一二年成為哈梅恩女子學校的校長。他在這裡長時間從事宗教與歷史教育工作，向雜誌投稿專業論文，也編纂宗教教育刊物，還寫了很多跟歷史有關的論文。可是到了一九三三年七月一日，施帕努明明距離退休還有一段時間，德國民主黨黨魁卻因他為制定《威瑪憲法》出力頗多、是瑙曼（Friedrich Naumann）的信徒，基於政治理由半強制地令其退休。

不用說，納粹黨在這年年初獲得政權；六到七月間，鎮壓擴及其他政黨，社會民主黨被查禁，黨員大多流亡海外。七月十四日，政府禁止納粹黨以外的政黨組黨。在這年三月的國會大選，哈梅恩的納粹黨也躍居第一位，共產黨議席則減少了三分之一。不只如此，

亨利希·施帕努博士

在十一月十二日的投票中，光哈梅恩就有一萬七千六百四十五票支持納粹黨人的外交政策，不支持者僅一千零四十三票，無效票四百三十七票。在這種狀況下，施帕努只好將自己一貫對教育的熱情轉向其他領域，那就是民俗學和鄉土史研究。

他不是個只想玩玩的好事之徒。他在這些領域以學術方法集中精力研究，將不被滿足的心念投向釐清自身鄉土的歷史上。施帕努在報章雜誌上發表了眾多關於新領域的論文，特別是貫注熱情編纂本書屢屢引用的《哈梅恩市史》。也就在這時，他和「捕鼠人傳說」再次相遇了。

這件事的開端，其實不過是個偶然。一九三四年，也就是施帕努退休的第二年，哈梅恩市計劃舉辦「捕鼠人傳說」的六百五十周年紀念。一開始的計畫只是單純的遊行和戲劇表演，但在籌劃到最後一刻時，市委員會猛然察覺這樣做是捨本逐末，便委託施帕努規劃「有關傳說本身及其發展」的展覽。

雖然施帕努不能公然拋頭露面，不過市政當局認為若只是從事這種工作，應該還算安全。準備期只有六周；施帕努停止了手邊其他事務，全力投入這項工作。據他自己所述，當時「完全沒有預料到這項工作意味著什麼，而踏出這一步對自己、還有自己將來的生活，又會產生多大的影響」。

「人生總會有一些時候，無法做出自發性的行動，只能像某種道具一般隨波逐流。像這種時候，我們就會想從事一些提升一成不變的自我、且平常不會做的工作。」施帕努回想自己接下這個布展工作的狀況時，他只做了這樣的解釋。

展覽結束了，剩下的是和傳說相關的龐大史料，以及迄今為止完全不為人知、或只聞其名的一堆文獻。在準備展覽的過程中，施帕努探訪、下訂、商借及編輯史料，深刻了解當時有關這則傳說的研究水平；而當他蒐集了眾多素材後，便深信自己必須從全新的觀點，重新編輯這些史料。

「我一夜之間就成了研究者」——這時施帕努已經有種預感，覺得自己到死為止，都很難從這則傳說中解放出來；他說，「我的身體和靈魂都被捕鼠人奪走了。」

展覽相當成功。許多人都建議，這麼龐大的展示品應該要收入博物館才對，但它們幾乎都是從各地檔案館借來的東西，所以必須歸還。於是，施帕努將這些呼籲保存的聲浪視作是共同體的請託，便獨力展開了鉅細靡遺的史料編纂工程。

施帕努與范恩的相遇

幸運的是，施帕努絕非孤軍奮戰。在那場一九三四年夏天的展覽中，當時三十一歲的特羅保檔案館員范恩千里迢迢前來造訪。

如前所述，范恩追溯這個傳說，與他當時正打算在威悉河畔的哈梅恩鎮探尋中古時期東移到波曼恩地區斯德丁城的德意志人祖先足跡息息相關；就在那個時刻，他正好聽說哈梅恩要舉辦事件六百五十周年紀念展覽，於是不遠千里前來拜訪。六十一歲的老教師和三十一歲的年輕文書館員，就這樣針對一二八四年的一百三十名孩童失蹤事件，忘我暢談到深夜。這時，范恩已經就中古德人東向移民拓殖說與傳說的關聯，向施帕努提出「『吹笛手』是否可能是經紀人？」的說法。

這樣的視角是老施帕努全然意想不到的。這名年輕人身上迸發出的閃耀才能，讓施帕努放下對同儕同領域之士的競爭心態，一口應允協助范恩的研究。事實上施帕努在後來很長一段時間內，一直深信范恩的中古德人東向移民拓殖說可以解開這則傳說之謎。雖然范恩理論若是冷靜檢討，便會發現其中牽強處甚多，但在其中有著活生生的人追尋事物的真實姿態，而這種姿態最能打動人心。於是，施帕努將自己的工作限定在傳說成立後的演變，至於查明原因的工作則交給范恩；這一老一少的研究者，就這樣緊密地攜手合作起來。

兩人的合作在一九三六年漂亮地開花結果。編纂《哈梅恩市文件集》（*Urkundenbuch des stiftes und der Stadt Hameln*, 1887, 1903）的麥納道斯表示，自從發表紀念這則傳說六百年的論文以來，關於它的研究就碰上了暗礁；之所以如此，是因為到了這個階段要查明原因，就必須發現某種決定性的新史料才行。然而，萊布尼茲的助手巴林在信件中曾提及一七一九年自己在呂訥堡校訂萊布尼茲的《布勞恩史懷克編年史》時，發現並閱讀了一篇有關哈梅恩孩童失蹤的羊皮紙文件；一八七一年，一位名叫羅塔特的研究者，發現了這段記述。

施帕努得知此事，便藉著一九三四年的展覽為由，向呂訥堡檔案館商借這份羊皮紙文件，卻得到「去向不明」的答覆。由於該館的手抄本文件正在重新整理並編目，因此反而難以發掘。

一九三六年八月，施帕努和再次造訪哈梅恩的范恩一致認為，若不找出這份羊皮紙文件，傳說研究就無法更進一步；因此他們決定造訪呂訥堡檔案館，靠自己的雙手來找出它。

幸運的是，經過幾小時探尋後，施帕努終於找到了這份自兩百年前被巴林讀過後，便行蹤不明的文件。雖然它並非巴林在信中提到的羊皮紙文件，而是紙本文件，但就像本書開頭提及的，這份《呂訥堡手抄本》是一大發現，對後來的傳說研究有決定性影響。

施帕努的研究不是去查明構成傳說發軔的歷史事實，而是趨向比較樸實不起眼的領域，也就是探究傳說演變的過程。可是他的研究絲毫不遜於查明原因，意義重要且深遠。施帕努運用自己的稟賦，澈底收集資料；他找出各式各樣的文獻，從中描繪出傳說演變的過程。他的視角一言以蔽之，就是批判檢討知識分子如何採擷原本柔軟無比的民眾傳說。

知識分子付出種種努力、採擷民眾傳說的行為，免不了會反映出知識分子所處的社會地位。因此，朝向史實探索推進的歷史分析愈是細緻，傳說就愈會失去其固有的生命。讚頌傳說揭露民眾精神，但結果往往導致其被政治所利用；燃燒問題意識與使命感去研究傳說，又會使其變成教化民眾的工具，到頭來不過都是滑稽可笑罷了。民間傳說的研究，從一開始就伴隨著這個難題。

研究者經常和其他研究者為伍，被名為「學界」（同業公會）的社會所承認，並在其中相互競逐「才能」與「努力」。然而要打破這個難題，才能反而是危險的工具；只有一味沉潛於傳說的世界、不仰賴智慧、宛若愚者一般，才能感受到傳說演變的必然性。就這點而言，施帕努絕對不是「學者」。

當然，施帕努也是大學畢業，並在七十八歲這年提出學位論文成為博士。從這點來看，他當然也是所謂的「知識分子」。可是他幾乎沒有享受過任何身為知識分子的特權；他以一個小城市教師之姿窮盡大半生涯，在榮退之前就因為抱持自由主義信念而被強制退休。他一生中並未得到世間充分認可的榮譽；相反地，就細微條件而言，他更像個庶民。他自始至終都和自己貫注熱情的對象維持著一種緊張關係。這真可說是相當幸福的一生。即使自身工作不為世人所知，施帕努的世界還是完整且圓滿的。

身在遠離德國的日本，我覺得特別遺憾，儘管施帕努的成果變得日益聞名，但它到現在仍然沒有在德國本土出版，只有一份七十八歲的施帕努自己手打的原稿，留存在哥廷根大學的圖書館裡。當我閱讀施帕努自己用鋼筆修改打字錯誤處的原稿時，對於這種程度的研究竟然沒有出版，實在感到相當不可思議。只是抱持著這樣的感慨，恐怕會和施帕努的世界漸行漸遠吧？

「哈梅恩的吹笛手傳說」要獲得最終「查明」，恐怕不是近期能達成之事。在那之前，閱讀書籍、撰寫文章的人們，大概也只能持續忍受傳說與自己之間無限的距離重擔了。

後記

如本書前言，這本小小的書是我迄今為止的研究生活中偶然綻放的一朵小花。儘管這朵小花的綻放不全是靠我一己之力，但它卻讓我有種感覺，覺得自己彷彿孕育了一顆巨大的種子。在這本書中，我把目光投向迄今為止在西方史學界幾乎不曾端上檯面的民俗學與民間傳說，以及城市下層民眾的生活。歐洲社會史並不單單只是法制史、政治史、經濟史等的累積，還必須接近民眾的生活與思考世界，才能開始觸及其內在本質。這是我的想法。

可是，所謂以民眾史為中心的社會史，並不是迄今為止的法制史、政治史、經濟史等研究的單純延伸；這是我在本書執筆過程深切感受到的事實。

那麼，以民眾史為中心的社會史，要怎麼做才能化為可能？這是本書賦予我的重大課題。要處理這個課題，首先最重要的是對此前的歷史研究，也就是「以理性邏輯解讀生活現實」這種知識分子長時間採用的知性活動，加以批判反省。因為這種作法本身也是一種知性活動，所以通常蘊含著來回兜圈子的危險性；然而，眼前除了朝這個方向一頭鑽入，大概也沒別的辦法了。

一方面透過平凡踏實的努力，持續發掘中古城市和農村，乃至近代庶民的具體生活狀況，另一方面則針對由默澤爾（Justus Möser）首創的民俗學、社會史、經濟史研究的意義，進行方法論上的反思，這是我認為當前該走的方向。不管怎麼說，本書在我心中播下了這樣一顆種子。

雖然是個小研究，但本書確實不是僅僅靠我一人之力完成。幾年前我從德國返國後，當時在岩波書店《思想》雜誌編輯部任職的石原保德先生和我談了許多話題；在暢談的過程中，我偶然提及哈梅恩的傳說，耳聰目明的石原先生沒有聽漏，便向我提議，把它彙整成一篇論文。當初我原本預定寫成兩百五十張稿紙，因此表示恐怕不適合刊載在《思想》雜誌上，但石原先生說「就算只寫個精華也好」，於是我就寫了一篇做為本書原型的論文。

《思想》雜誌的論文在一九七二年十一月出刊後不到兩周，我在小樽的家中接到一通電話；平凡社的吉村千穎先生表示，希望能把這篇論文編纂成書。潛居北國之地的我，對吉村先生的觸角之敏銳，實在大吃一驚。在這之後，我便接下了執筆任務；從那時開始就得到吉村先生適切的支援，最後終於完成本書。在此特別對這兩位先生致上感謝之意。

一九七四年九月十四日　阿部謹也

解說
如泉水般明晰

石牟禮道子

布勒哲爾和波希的世界，長久以來一直是我凝望沉思的事物。

這些十五、十六世紀左右做為教會祭壇畫而繪製的作品，表現出的究竟是個怎樣的世界？以如此清醒的目光，澈底描繪出隱含著寓意、意涵與符咒的世界，這樣的畫家之後再也沒有了。

特別是波希，他那幾乎稱得上是「世界的虛無」、充滿透視力的目光，觸及了何許人等的真實之聲與折磨苦悶？

當阿部謹也先生的《哈梅恩的吹笛手》用滄桑的手指頻頻翻動歷史不曾為人所知的頁面時，也不經意地讓這樣的笛聲，從指尖輕輕流洩出來。

說到底，學者這項工作，就像是建造彎曲雙拱橋的石匠。他將選定的礎石一塊塊親手搬運過來、堆積、觀察、加以破壞，然後建起一座能遠眺沒入地平線彼端世界的橋梁。當從彼端傳來的聲響穿過拱橋，也是這部作品美麗的曲線大功告成之時。

身為讀者的我們聽聞彼岸聲響、渡過橋梁時，便會發現行走在滿炙著層疊民族氣息、讓人心痛的日常生活中的自己；然後，長久以來早已忘卻、令人懷念的事物，便會在身邊甦醒。格林兄弟自然不用提，歌德、海涅與舒伯特，又何嘗不是如此渡橋呢？他們都被那獨一無二的笛音深深擄獲。

那是一片灼熱的大地；正因如此，基督教才要清理乘載異教神祇耳語之事物，將古日耳曼森林裡深遠的咒語餘音給抹滅殆盡。

阿部先生寫到，自己在哥廷根市的邦（州）立檔案館讀到關於「捕鼠人」傳說的文獻時，「感覺整個人如遭電擊」；我在讀他的書時，也有一樣的感受。我們從很久以前開始，就擁有向這個世界之外敞開的耳目；但不知何時起，這樣的耳目已然荒廢。讓這股笛聲殘韻飄進我們耳目的，就是本書。我們的肉身宛如閉而不響的笛子，那股通過阿部先生的電流，也宛如吹過蘆葦間的沙沙風響，通過我們身上的吹口——不，那是普遍存在、難以治癒的古老傷口。

作者首先確認，吹笛手帶走一百三十名孩童乃是歷史上的事實。接著他以謹慎認真的態度，追蹤這件史實化為傳說後，歐洲這四百年間所歷經的研究史。雖然這個故事的說法可以分成二十五種，但這段研究史本身，也可以看成是吹笛手離去之後，依然餘音繞樑的歷史群像之一。

本書一開始從格林兄弟採集故事談起，接著又講到種種相異的傳說，但它所仔細分析的研究史內容，既讓人感受到「吹笛手」形象發揮的凝結人心作用與歷史的起伏跌宕，也讓人深刻體會到沉潛在社會最底部，下層民眾的心念波濤。

阿部先生首先探索與事件相關的最古老資料。他和德意志中古時期文獻檔案彷彿存在著某種靈魂的交流，著實展開了門外漢眼中看來束手無策的探索工作。他立下了幾個探索目標：

一、事件當時、也就是一二八四年六月左右孩子失蹤時的哈梅恩市，處於什麼狀態，隱藏了什麼問題？此外，它在一四三〇到一四五〇年之間又產生了什麼變化？

二、事件的主角「一百三十名孩子」。當然，想透過史料來掌握一二八四年中世紀城市兒童的生活，幾乎是不可能的。所以針對這個問題，必須將「尋找孩子蹤跡的父母」也一併考量，也就是哈梅恩的市民階級。

三、事件的另一個主角「吹笛手」。

吹笛手究竟是什麼？如果把當時的哈梅恩市放在全歐洲的普遍狀況中探索這個問題，就能夠跨越單純的解謎趣味，並找出一個趨近歐洲社會史的破口。

阿部先生將哈梅恩人們的姿態視為當時歐洲社會的動態縮影；這時候的他，已經設定好歐洲中古史構想的方向，並豎立起相關的基柱。他和宮田登、網野善彥、塚本學、坪井洋文等人一起創造了所謂的中古史熱潮，而本書正是引爆這股熱潮的契機。

接下來做為重點展開的，是去理解賤民們的社會，特別是以吹笛手為中心、在整個中世紀流浪的人們；在阿部先生的筆下，民眾藏於心底、含糊洩出的聲響，以及成為歷史脈動汩汩流出的事物足音，遂配合著呼吸節拍，一點一滴傳達出來。特別是當他提及寡婦時，那群追尋失蹤孩子的母親們，那宛如真實人聲的呼喊，更是在我們心中甦醒過來。在被擁有名譽的市民所歧視的賤民階級中，這些寡婦甚至連賤民能從事的多樣工作也無法參與。

透過對一四二〇年代巴塞爾市的租稅登記簿，以及維斯馬的房屋數量，阿部先生讓我們清楚體會到所謂地下住宅或地下小屋的存在。在「受苦的寡婦與孩子們」這節中，他提到住在地下小屋中的婦女比例高達百分之二十六點二。「在法律或經濟面都居於低下地位的婦女，特別是寡婦，也就可想而知」。「這些衣衫襤褸，當同輩太太們炫耀自己的丈夫、口出惡毒閒話時只能忍氣吞聲硬撐過去，還要不時被男性好色眼光騷擾、一輩子只盼著孩子長大的婦女，她們又是帶著怎樣的心境，日以繼夜糾結不已呢？」

阿部先生在寫給年輕人的近著《閱讀自己心中的歷史》中，相當含蓄地陳述了自己的心路歷程。失去了父親，戰後又不得不和母親分居，那時的他只能抱著妹妹，啃食做為心靈食糧的珍藏書籍代替早餐，來度過每一天。他跟絕大部分的庶民都背負著這種真實的感受而活著，是以他深信「歷史就是映照我們內心的某種事物，不能呼應自己內心的歷史，是我無法理解的」。呼應他內心的，是怎樣的歷史呢？阿部先生在描寫吹笛手浮現檯面的背景時，寫了這樣一段話：

「在以土地做為社會階級基礎的中世紀社會，他們不只沒有土地，還不像農民一樣「受土地束縛」，這樣的人自然會被視為脫出常人社會序列的存在。然而，事情還不只這樣。演員和樂師從某方面來說，是將古代日耳曼異教文化生動傳達給庶民的人，因此對教會而言，他們是基督教普及化的障礙；日耳曼部族時代的英雄敘事詩人，有可能喚醒庶民間持續存在的異教傳統，所以也必須嚴格取締。」

這讓人不禁想起深深烙印在人類社會、有關流浪的傷痕與憧憬。我想起了小時候，跟在像是異世界來的旅行者或馬戲團員背後走上好一段路，然後帶著害怕心情回家的記憶。

當圍繞著傳說歷史背景的研究益發進展之際，庶民們「仍然把『孩子們離開這個艱辛的世界，踏上旅程，在某個遙遠國度過著幸福生活』的想法，深深烙印在這則傳說中」；這樣的記述意味著大人們將自己的願望也寄寓在這則故事之中。讀這本書時，感覺世界與自己的內在體驗緊密相連、宛若點亮一盞燈般相互輝映；對於被這種鮮活的歷史學所引領、不是從事學術研究的我等而言，這確實讓人有種澈底開放、走在散發地熱的大地般的感受。

仔細想想，這位先生或許是想將自己內心的光亮，盡數照射至人類在某時期蓄積的精神財富吧？對於阿部先生內心深處的張力本質，我是這樣理解的。不只如此，他應該也想理解文明以前的人類，是用怎樣的方式表露感情吧？從他對鐘聲的浮想連翩中可見一斑。因為那樣的事物，也不住引發讀者深刻的共鳴。

比方說在《中世賤民的宇宙》（筑摩書房）最後一章，他比較了歐洲和日本的音樂，並省察「回溯到音樂與聲音並沒有明顯區別的時代」。以下簡單總結他的論述：

「近代社會成立以前，從古代到中世紀末的歐洲人並非生活在一個單一宇宙當中。以家為中心、之後以村莊或城市為單位的生活空間，被設定為小宇宙；在這個小宇宙之外伸展開來的，則是人力所不能及，居住著神靈、惡魔等的大宇宙。舉凡疫病、個人與國家的幸或不幸、命運或災害等，都是大宇宙襲擊小宇宙所導致的結果。對這個時代的人們而言，歷史的原因與結果並不是被納入時間序列中來加以掌握，而是從它們和外部大宇宙之間的對應關係來加以理解。一般來說，他們認為時間不是線性、而是循環流動；在各種大宇宙力量肆虐的空間，與辛苦抵禦這些力量的小宇宙空間，兩者有著明確的界線區分。

穿越林蔭的風聲與狼嚎，都是大宇宙的聲音，風暴和雷雨也是大宇宙的現象。住在小宇宙的人們為了對抗大宇宙的狂風暴雨而敲響了鐘；從中古、近古一直到近代，人們認為在流行病橫行時敲響鐘聲，有助於防止疫病，在牛、馬、羊身上掛鈴鐺也是同樣原理。這種兩個宇宙的構圖，在地球上任何地方都相當普遍可見。」

阿部先生如此概括了中世紀的聲音，接著他介紹了八六〇年左右《音樂提要》中的一段話：「根據古代作家的作品，將相異的聲音調和並發出的數值比率，決定了人的生活方式、人體的動作，乃至於宇宙的調和。」他試論道，「和以葛利果聖歌為代表、一律用單一聲音表現人類世界的單音音樂相比，妨礙它們的民謠與形形色色的音樂，亦即在基督教教義中被認為是惡魔爪牙的民間藝人所演奏的那些音樂，過去也被視作是大宇宙的聲音。」也就是所謂的複音音樂。

在魔女審判盛行的時代，吹笛手的笛子喚起了怎樣的民眾心理？和仍然保有濃厚中世紀氛圍的我國鄉間相比，我們會覺得這並非太過遙遠的事情；而一頁頁的研究史，也讓我們對新傳說的產生與方向感到興味盎然。

書中被當成「獨創性解釋」加以介紹的道默《基督教古代的祕密》，其內容特別讓人印象深刻。道默的主張是，「從古至今，人身犧牲的祕密儀式一直都是基督教教義的中心……哈梅恩的孩童也被當成犧牲。」然而在種種說法交織的同時，本書著眼的重點，終究是以下這些話：

「最重要的是對此前的歷史研究，也就是『以理性邏輯解讀生活現實』這種知識分子長時間採用的知性活動，加以批判反省」、「把目光投向迄今為止在西方史學界幾乎不曾端上檯面的民俗學與民間傳說，以及城市下層民眾的生活」，還有「『幼童下落不明』這件異常事態，背後隱藏了有關當時歐洲社會庶民生活的種種，直接觸碰到歐洲社會史的某種底蘊」。讀到這些內容，讓人不可思議地感受到一種真切的表達。

從之後陸續刊行的歐洲中古史書籍來看，可以清楚知道，做為第一步的本書絕對不是「研究生活中偶然綻放的一朵小花」這麼簡單。作者以德意志為基軸，針對中古史擬定的一連串框架與範圍，在本書中幾乎都已經具備其形。就像前面他所講的，「不能呼應自己內心的歷史，是我無法理解的。」

因為家庭因素，阿部先生在德式天主教修道院渡過了少年時光。或許原本應該朝向神父之路發展，所以命運也特別把這位少年放在了一個宛如啟示的位置吧。

阿部先生的文章是知識的匯集，宛若無休無止的泉水般，充滿了明晰的氣質，同時還確切具備了跨越人生某種境界、不受既有框架束縛的特色。在那當中，可以看到一種超越學問與人品表現、甘於立身此世的深淵之前，以自我為犧牲的描寫氣魄。阿部先生一直在思索「自己的內在」與「存在的本質」之間的關聯；在本書扉頁內側的魯迅話語中，就暗示了這點：

> 歌、詩、詞、曲，我以為原是民間物，文人取為己有，越做越難懂，弄得變成僵石，他們就又去取一樣，又來慢慢的絞死它。

如果把魯迅話中的「文人」兩字換成「學者」，我們就可以清楚察知，阿部先生是抱持著怎樣的態度來寫這本書，又對它懷著怎樣的期盼了。在卷末「活在傳說中的老學者」一節中，他用表情深刻的照片和相互呼應的介紹文，探討了亨利希．施帕努先生的成績。

施帕努先生雖然在一九五八年便已逝世，但他那篇極優秀的研究成果《哈梅恩的捕鼠人——古傳說的成立與意義》，直至今日仍未在德國本地出版。它的內容據阿部先生形容，是「施帕努運用自己的稟賦，澈底收集資料；他找出各式各樣的文獻，從中描繪出傳說演變的過程。他的視角一言以蔽之，就是批判檢討知識分子如何採擷原本柔軟無比的民眾傳說」。

施帕努在七十八歲時向哥廷根大學提出了這篇學位論文，並獲得極高的評價；就七十八歲才提出學位論文這點而言，即便在老研究者甚多的歐洲，也是極為稀有。

「朝向史實探索推進的歷史分析愈是細緻，傳說就愈會失去其固有的生命。」在接下來的段落，阿部先生寫下了這樣一句話。讀到這裡，我的眼前不禁浮現出一座由研究書籍累累堆疊成的瓦礫山。

在名為高學歷社會的世紀末虛構之中，即使是身為門外漢的我等，也能感受到「學問」這種虛業百花齊放的盛況。阿部先生在介紹雖身為知識分子，卻幾乎沒有享受過任何特權的施帕努時，寫下了這樣一段深深敲擊我心的真摯話語：

「研究者經常和其他研究者為伍，被名為『學界』的社會所承認，並在其中相互競逐『才能』與『努力』。然而要打破這個難題，才能反而是危險的工具；只有一味沉潛於傳說的世界、不仰賴智慧、宛若愚者一般，才能感受到傳說演變的必然性。」

要經歷多少的風浪，才會有這樣的感懷呢？唯有具備卓越的解析能力與描寫能力、充滿學識才華的人，才能說出這種話吧。

彷彿無意間低下頭，便會在視線深處望見被汲取上來的歷史之泉般，阿部先生的立足點，讓我真真切切有種「紮根於現代日本智性土壤之中」的感受。

參考文獻

關於傳說的史料

Quellensammlung zur Hamelner Rattenfängersage, Hrsg. von Hans Dobbertin, Schriften zur niederdeutschen Volkskunde ; Bd. 3, Göttingen 1970.

與吹笛手、捕鼠人傳說相關的文獻

Wolfgang Wann, *Die lösung der Hamelner Rattenfängersage: EineuesSinnbild des Abendlandes*, Diss Würzburg, 1949.

Heinrich Spanuth, *Der Rattenfänger von Hameln: Vom Werden und Sinn einer alten Sage*, Diss, Göttingen, 1951.

Hans Dobbertin, *Der Auszug der Hämelschen Kinder (1284) : Ein Vermißtenschicksal der Kolonisationszeit wurde zur Volkssage*, Schrifenreihe der 'Genealogischen Gesellschaft' zur Geschichte der Stadt Hameln und des Kreises Hameln-Pyrmont, H. 19, Hameln, 1958

——, *Wohinzogen die Hämelschen Kinder(1284)?*, Hildesheim, 1955.

Waltraud Woeller, "Zur Sage vom Rattenfänger von Hameln," *Wissenschaftliche Zeitschrift der Humboldt-Universität zu Berlin*, Jg. VI, 1956/57, Nr.2.

——, "Zur Entstehung und entwicklung der Sage vomrattenfanger von Hameln," *Zeitschrift für deutsche Philologie*, Bd. 180, 1961.

Heino Gehrts, "Zur Rattenfängerfrage," *Zeitschrift für deutsche Philologie*, Bd. 74, 1955.

James P. O' Donnell, "Der Rattenfänger von Hameln," *Der Monat: Eine international Zeitschrift*, H. 93, 1956.

Robert Browning, *Selected Poems of Robert Browning*, (Ishida Kenji) Tokyo, 1954.

Martin Wähler, "Der Kinderauszug von Dziergunken-Mühle," *Heimat und Volkstum*, 1957.

Jacob Grimm und Wilhelm Grimm, *Deustsche Sagen*, 1816, 1818, Neudruck, 1972.

Will-Erich Peuchert, "Die Welt der Sage," *Vergleichende Sagenforschung, Wege der Firschung*, Bd. CLII, 1969.

Adolf Bach, *Deutsche Volkskunde*, 3, Aufl, Heidelberg, 1960.

哈梅恩市相關史料

Urkundenbuch des stiftes und der Stadt Hameln, Hrsg. Von Meinardus, O. Bd. I und II, Hannover, 1887, 1903.

與哈梅恩市相關的文獻

Heinrich Spanuth, *Rudolf Feige, Geschichte der Stadt Hameln*, Bd. I, 1939/40, Bd. II, 1963.

Albert Neikirch, *Hamelner Renaissance, Vom Schicksal einer niedersächsischen Stadtkultur*, Hameln, 1950.

Kurt Ortmanns, *DasBistum Minden in seinen Beziehungen zu König, Papst und Herzog bis zum Ende des 12. Jahrhunderts: Ein Beitragzur Germania Pontifica*, Benberg, 1972.

Neumann, E. G., Norkus, J., Hamelner St. Nicholai, Geschichte und Aufbau, Hameln, 1962.

Rudolf Kötzschke, Hellmut Kretzschmar, *Sächsische Geschichte*, Frankfurt, 1965.

Hermann Rothert, *Westfalische Geschichte*, 3 Bde. Gutersloh, 1964.

Thomas Klein, *Der Kampf um die zweite Reformation in Kursachsen 1586-1591*, Klon/Graz, 1962.

關於中世紀社會及城市市民的文獻等等

Kriegk, G. L., *Deutsches Burgertum im Mittelalter*, Bd. I, 1868 Bd. II, Frankfurt, 1871.

Alwin Schultz, *Deutsches Leben im XIV und XV Jahrhundert*, Grosse Ausgabe, Wien,1892.

——, *Das hofische Leben zurzeit der Minnesinger*, Leipzig, 1879.

Buhler, J., *Die Kultur des Mittelalters*, Stuttgart, 1943.

Fritz Curschmann, *Hungersnote im Mittelalter: Ein Beitrag zur deutschen Wirtschaftsgeschichte des 8. Bis 13, Jahrhunderts*, Leipziger Studienaus dem Gebiet der Geschichte, Leipzig, 1900, Neudruck, 1970.

Karl Weinhold, *Die deutschen Frauen in dem Mittelalter: Ein Beitragzu den Hausaltertumern der Germanen*, Wien, 1851.

Herbert Helbig, Lorenz Weinrich, *Urkunden und erzahlende Quellen zur deutschen Ostsiedlung im Mittelalter*, 2 Bde. Darmstadt, 1970.

Rudolf Kötzschke, Wolfgang Ebert, *Geschichte der ostdeutschen Kolonisation*, Leipzig,1937.

Karl Heinz Quirin, *Die deutsche Ostsiedlung im Mittelalter*, Quellensammlung zur Kulturgeschichte, Göttingen, 1954.

Georg von Below, *Das altere deutsche Stddtewesen und Burgertutu, Monographien zur Weltgeschichte*, Bielefeld/Leipzig, 1898.

Eduard Heyck, *Die Kreuzzilge und das heilige Land, Monographien zur Weltgeschichte*, Bielefeld/Leipzig, 1900.

Erich Maschke, *Die Unterschichten der mittelalterlichen Stdte Deutschlands, Die Stadt des Mittelalters*, Bd. III, Wege der Forschung, Bd. CCXLV, 1973.

Gerald Strauss, *Nuremberg in thesixteenth Century*, New York, 1966.

Friedrich Heer, *Kreuzzge, gestern, heute, motgen?*, Frankfurt, 1969.

——, Mittelalter, Kindlers Kulturgeschichte, Zurich, 1961.

Epperlein, S., *Bauernbedifrackung und Bauernwiderstand im hohen Mittelalter, Zur Erforschung der 1 Irsachertbauerlicher Abwanderung nach Osten im 12. und 13, Jahrhundert*, Berlin, 1960.

Max Baue, *Das Geschlechtsleben in der deutschen Vergangenkeit*, Berlin/Leipzig, 1902.

Giovanni Arpino, *L'Operacompleta di Brucgel*, Clasici dell 'arte Rizzoli Editore Milano, 1967.

Adolf Mönckeberg, *Die Stellung der Spielleute im Mittelalter*, Diss, Freiburg 1910.

Hans Joachim Moser, *Die Musikergenossenschaft im deutschen Mittelalter*, Diss, Rostock, 1910.

Alan Charles Kors, Edward Peters, *Witchcraft in Europe 1100-1700: A Documentary History*, University of Pennsylvania Press, 1972.

Walter Salmen, *Der fahrende Musiker im europaischen Mittelalter*, Die Musik im alten und neuen Europa. Bd, 4, Kassel, 1960.

Hans Boesch, *Kinderleben in der deutschen Vergangenheit*, Monographien zur deutschen Kulturgeschichte. V. Bd, Leipzig, 1900.

Theodor Hampe, *Die fahtende Leute in der deutschen Vergangenheit*, Monographien zur deutschen Kulturgeschichte, X. Bd, Leipzig, 1902.

Julius Lippert, *Christentum, Volksglaube und Volksbrauch: Geschichtliche Entwicklung ihres Vorstellgsihaltes*, Berlin, 1882.

阿部謹也「ハメルンの笛吹き男伝説の成立と変貌」『思想』581号

阿部謹也「ドイツ中世後期の世界」未来社

國家圖書館出版品預行編目 (CIP) 資料

哈梅恩的吹笛手：記憶、傳說與流變，中古歐洲社會庶民心態考察／阿部謹也著；陳國維譯
——初版——新北市：臺灣商務印書館股份有限公司，2021.12
面； 公分（歷史・世界史）
譯自：ハーメルンの笛吹き男：伝とその世界
ISBN 978-957-05-3372-9（平裝）
1. 中古史 2. 社會史 3. 歐洲

740.23 110017244

歷史・世界史

哈梅恩的吹笛手

記憶、傳說與流變，中古歐洲社會庶民心態考察

原著書名 ハーメルンの笛吹き男：伝説とその世界
作　　者 阿部謹也
譯　　者 陳國維
發 行 人 王春申
選書顧問 林桶法、陳建守
總 編 輯 張曉蕊
責任編輯 洪偉傑
平面設計 康學恩
內文排版 菩薩蠻電腦科技有限公司
業　　務 何思頓、王建棠
行　　銷 張家舜
影　　音 謝宜華
出版發行 臺灣商務印書館股份有限公司
23141 新北市新店區民權路 108-3 號 5 樓（同門市地址）
電話：（02）8667-3712 傳真：（02）8667-3709
讀者服務專線：0800-056193 郵撥：0000165-1
E-mail：ecptw@cptw.com.tw 網路書店網址：www.cptw.com.tw
Facebook：facebook.com.tw/ecptw

局版北市業字第 993 號
2021 年 12 月初版 1 刷
印刷 鴻霖印刷傳媒股份有限公司
定價 新台幣 450 元

法律顧問 何一芃律師事務所